Je connais mon visage !

Ouvrage réalisé par Marcel YABILI
à partir des archives numériques du
Musée Familial - Yabili

Plaque d'entrée du "Pavillon Philippina" - Musée Familial
sis 27 av Basanga, Kamalondo - Lubumbashi- RD Congo

Les textes et images sélectionnés et arrangés
avaient un caractère familial
ou furent copiés sur la toile publique et gratuite
et ensuite "emailés" en famille et aux amis
entre janvier et septembre 2001.
Ils sont édités en intégralité par le Musée Familial
en CD au format PDF

Nb. Les premiers destinataires étaient hébergés à :
@ic-lubum.cd; @starnet.cd ; @ic.cd ; @hotmail.com ; @caramai.com ;
@mcn.mc ; @infonie.be ; @brutele.be ; @africa-one.net ; @mweb.co.za ;
sairgroup.com ; @wanadoo.be ;

une publication du
Musée Familial ~ Yabili

Je connais mon visage !

chroniques numériques RDCiennes

Marcel YABILI

À
Jean Marie Tshomba et Baudouin Kalonji
qui ont vécu cette période, de là où ils sont.

Marcel YABILI, République Démocratique du Congo, Katanga

© 2015 Marcel YABILI

ISBN : 979-10-94969-03-8

Ce livre est également disponible :

Editions Mediaspaul RD Congo ISBN 979-10-94969-04-5
Ebooks   : Epub   ISBN 979-10-94969-05-2
*   : Mobi/Kindle   ISBN 979-10-94969-07-6*
Ressources   : CD - PDF   ISBN 979-10-94969-06-9

SOMMAIRE

11 septembre 2001

Introduction :
De la mémoire familiale à la mémoire collective

"Voir" les mauvaises odeurs

On était fin décembre 2000. Mieux qu'à la radio, on lisait les infos du jour sur internet. Colette Braeckman, du journal belge *Le Soir,* effectuait des sauts de puce entre Kisangani, Bumba, Aketi et Gbadolite, dans un Cessna d' Aviation Sans Frontières qui était, selon elle, "un jouet à cinq places"[1].
La journaliste n'apprécie pas certaines spécialités congolaises. *« De Goma à Kisangani, de Kinshasa à Bumba, dans la zone soit gouvernementale ou rebelle, qu'il s'agisse de la brousse ou de la ville, comment se fait-il que tous les flics, ou plutôt "agents de sécurité" du Congo se ressemblent ? Quelle que soit la température, ils sont engoncés dans des vestons qui leur donnent l'air emprunté, les plus aisés portent des lunettes dorées, parfois des Ray-Ban et lorsqu'ils n'apostrophent pas les visiteurs avec arrogance, réclamant carnet de vaccination et permis de circuler, ils prennent un air à la fois hypocrite et souffreteux, qui donne envie de leur jeter quelques francs pour s'en débarrasser »*.
À Bumba, Colette fut accueillie par un missionnaire débrouillard. *« Alors que le mazout coûte 300 dollars le fût, le P. Carlos Rommel a résolu le problème : il chauffe de l'huile de palme (30$ le fût), la verse dans sa génératrice allumée avec une lampée de mazout et réussit ainsi à faire tourner un petit moteur, ce qui permet à sa photocopieuse et à sa phonie de fonctionner quelques minutes par jour, dans une âcre odeur d'huile brûlée[2] »*.
Brusquement, le récit devint dramatique.

« Le P. Carlos constate aussi que l'affluence à la messe diminue de semaine en semaine, non seulement parce que ses paroissiens sont malades ou décédés, mais aussi parce qu'ils ont honte. Honte? Oui, honte d'être nus. Les plus pauvres n'ont plus de vêtements, leurs habits sont en loques. Ils n'osent plus se montrer, ni à l'église ni à l'hôpital, ils ne veulent plus envoyer leurs enfants à l'école».

Mais elle croisa aussi des regards vifs, des lueurs de vie des jeunes. *« La seule consolation du P. Carlos, c'est l'école Notre-Dame, entièrement privée, totalement financée par les contributions des parents, et qui, avec un peu d'aide venue de Belgique, arrive encore à accueillir 1.163 élèves dont le minerval s'élève à 45 Francs (ou un dollar) pour quatre mois. Les classes, qui s'étendent jusqu'aux premières années du secondaire, sont étonnantes, on y apprend la littérature française, l'anglais, les mathématiques, il y a même un cours de latin et les élèves sont extraordinairement éveillés... Et puis ils répètent, comme tout le monde au Congo, comme tout le monde à Bumba: pourquoi sommes-nous abandonnés ? Quel crime aurions-nous commis pour que le monde nous oublie ainsi ? »*

Je fis un rapide calcul: je revenais d'un trip sur Kin et cela m'avait coûté… ce que les parents de Bumba ne parvenaient pas à débourser pour payer l'école de tous leurs enfants, et pendant quatre mois…

Comment était-ce possible ?

From: Marcel YABILI
Sent: Wednesday, January 31, 2001 10:26 PM
To: MSFB-GOMA@██████
Subject: For Père Carlos : Children of Bumba

Dear Sirs,
Attention Mr Tielmans,
I am very sorry as I have picked up your message just now.
In fact I was traveling the last time.
I do confirm my commitment to give some help at the best.
Please communicate to me your " Belgian" bank account number, and I'll
make immediate the payment through internet of what I think to be $US
██████ *according to the "real" exchanging rate.*
Please also report to Père Carlos in Bumba that the payment process will be
fulfilled by the end of this week together with my admiration to what he is
doing on the ground and my greetings to all the kids over there.
Regards,
Maître Yabili & family
Lubumbashi

----- Original Message -----
From: <MSFB-GOMA@██████*>*
To: <██*@ic-lubum.cd>*
Cc: <Yves.TIELEMANS@██████*>*
Sent: Friday, January 26, 2001 4:46 PM
Subject: For Marcel Yabili, from MSFB RDC

Dear Mr. Marcel Yabili,

Very sorry that I did not contact you for such a long time.
I had contact with pere Carlos (Bumba) by satphone. His number is
00871██████*.*
For Pere carlos, who is very very happy that you want to assist the children
in Bumba, it is OK if you transfer the money through MSF.
There are 2 possibilities; by bank or in cash.
I suggest you to discuss directly with our finance responsible in Brussels,
Yves Tielemans what would be the best way.
You can either reach Yves by E-mail (see adress above). or by phone the
central phone line of MSFB-in Brussels is 00322██████
Take care,
Sonja van Osch
MSFB-DRC North East Congo

Emails échangés pour les enfants de Bumba

On en parla au repas familial, rapidement submergé de mauvaises images qu'on ressentit comme de mauvaises odeurs ! Et on décida, à l'unanimité, y compris le cadet de sept ans ! On rognerait sur le budget des vacances pour envoyer de l'argent au Père Carlos ».

C'était facile à dire. Mais comment payer les frais de scolarité pour toute une école, pour toute une localité, et pour des inconnus... de l'autre côté de la ligne qui coupait le pays en guerre civile ?

Les *"Zotorités"* diraient qu'on aidait des « ennemis »... Oui, des ennemis *"pour eux"* !

Mais nous, on refusait de fermer les yeux sur des puanteurs...

Mais encore ! Qui était ce missionnaire sans visage? Comment joindre la journaliste ? Je me suis replié sur les sites internet de Médecins sans frontières (MSF) et d'Aviation sans frontières. À désespérer. Puis, MSF convoya le message au P. Carlos qui avait accepté. On lui précisa que nous ne connaissions pas Bumba. Que nous n'irions jamais à Bumba. Que notre nom importait peu. *« Dites peut-être que c'est de la part d'une famille ... de Congolais. Qui a aussi des problèmes... »*

Les ados ont ainsi appris que l'important est de rester des humains, des patriotes. De souffrir avec les autres, de voir que la saleté est sale. De voir aussi qu'elle a "mauvaise odeur". Le jour où on ne saura plus voir des puanteurs ne devrait jamais se lever.

Marcel Yabili

Assassiné le 16 ... mort le 18 !

Les Ados sont secoués le soir du mardi 16 janvier[3].

À 17h05, l'AFP annonce que, dans un message télévisé, l'aide de camp du président Kabila a ordonné aux chefs de l'armée de fermer les frontières et de maîtriser leurs unités.

Raison: des coups de feu auraient été entendus dans un quartier proche de la résidence de Kabila.

À 20h17, le ministre de l'Intérieur, Gaétan Kakudji, déclare que l'instauration du couvre-feu, à Kinshasa, a été ordonnée par le président.

Il serait donc vivant.

Mais selon la rumeur, Kabila serait décédé. Le gouvernement ferait de la mise en scène.

Le mercredi 17 janvier à 12h43, les autorités indiquent que Kabila a été blessé dans un attentat malheureux et transféré à l'extérieur du pays (Nb Zimbabwe) pour des soins appropriés.

Joseph Kabila dirige l'action gouvernementale, en attendant le rétablissement de son père.

Mais à 13h45, de hauts responsables zimbabwéens assurent que, touché par cinq balles, Kabila est mort, dans l'avion qui le transportait au Zimbabwe, pour traitement médical.

À 19 heures, le gouvernement zimbabwéen annonce qu'il fera une déclaration complète, après avoir reçu un briefing autorisé du gouvernement congolais fondé sur le bulletin médical rédigé par l'équipe de médecins congolais qui se sont occupés du président Kabila.

À 19h30, l'ambassadeur congolais à Harare déclare à la télévision zimbabwéenne que Kabila est dans un état très critique, mais toujours en vie, au Zimbabwe.

Le jeudi 18 janvier se tient à Kinshasa un conseil extraordinaire des ministres. Le ministre de l'Information, Dominique Sakombi, déclare que le président avait été acheminé dans un pays étranger par avion pour y recevoir des soins. Une délégation gouvernementale devait se rendre à Harare.

À 20h 00, le gouvernement congolais annonce à la télévision nationale, par la bouche du ministre de la Communication, Dominique Sakombi Inongo, la mort de Mzee Laurent Désiré Kabila survenue "ce jour-là" (le 18 janvier 2001) dans un hôpital de Harare au Zimbabwe.

Le président aurait eu le temps de laisser un testament que lit magistralement le ministre de la Communication[4].

Chronologie des évènements[5]

L'appel à la jeunesse

Le vendredi 26 janvier 2001 a eu lieu l'investiture du nouveau président Joseph Kabila[6].

La cérémonie s'est déroulée au Palais du Peuple à Kinshasa en présence de nombreux dignitaires et de la Cour Suprême de Justice.

Le jeune général-major devient ainsi à 29 ans le quatrième chef de l'État depuis l'indépendance en 1960.

Lors de la cérémonie, et conformément à la législation, la Cour suprême a rendu public l'État civil du nouveau président congolais, "né de père et de mère congolais", le 4 juin 1971 dans le territoire de Fizi, dans la province de Sud-Kivu.

Un analyste note que Joseph Kabila *" semble plus rusé que son père ne l'a jamais été* [7]*"*.

Le soir, et pour la première fois, Joseph Kabila s'adresse à la Nation. Il termine son discours-programme par cet appel[8] :

« En ce moment où j'accède aux hautes charges de la République, je lance un appel solennel et pathétique à la jeunesse congolaise afin qu'elle se joigne à moi dans la défense des intérêts vitaux de la Nation et pour assumer notre destin ».

Et les ados de trépigner d'enthousiasme. Ce fut leur baptême en politique.

Avec l'Obs/Monde

Sur le 3W public et gratuit

Ce sont ces trois événements survenus en l'espace d'un mois qui ont tout provoqué. Un don anonyme à des compatriotes inconnus de la "zone ennemie", un mensonge d'État et un appel à la jeunesse. Les ados avaient ouvert les yeux sur le Pays et l'Humain. Ils étaient devenus avides d'infos, autrement que par la tradition orale réimplantée dans les rituels journaux parlés et télévisés. Cette collecte quotidienne et sélective de *news* fut inédite et, finalement, un élément d'éducation des jeunes, une sorte de rite d'initiation moderne.

On était au début de l'introduction d'internet. Michel Fache avait pu réunir 20 premiers abonnés pour installer le serveur *ic-lubum.cd*. On se connectait par les lignes filaires du téléphone fixe, avec un modem qui autorisait des pointes à 33k, comme en Europe, avant l'ADSL. À défaut, on passait par le téléphone mobile analogique, le fameux *Télécel*, fort coûteux avec une navigation de pointe à 8k seulement. Mais c'était suffisant ; les sites n'étaient pas richement présentés avec des cookies et des pop-ups gourmands en paquets à télécharger.

Tôt le matin, et chaque fois que cela fut possible, je récoltais les infos journalières sur les sites internet publics et gratuits, en français et en anglais, les sélectionnais, les résumais et les envoyais aux ados, mes destinataires, par emails. Peu après, je mis des amis, de plus en plus nombreux, en copies *Cii*.

Ces courriels familiaux « quotidiens », intitulés *Divers*, puis *Picoré sur le 3W*, fournirent de la matière à trois « hebdos » envoyés tous les samedis en début de soirée : *La semaine au cher Grand Beau et Riche pays* avec les infos congolaises en français, et *Some week DRC stories on the 3W*, avec celles en langue anglaise. Les news internationales alimentaient *Y'a pas eu que du Congo sur le 3W*, posté les mercredis. Avec les autorisations de retransmission et de publications sur des sites internet, ces news à destination familiale atteignaient des milliers d'amis et d'amis des amis… Cela, pendant près de cinq ans. Et gratuitement.

On a pu suivre les premières années du millénaire, la fin de la guerre et la transition politique. Cette période demeure largement inconnue, parce qu'elle n'a pas été vécue, ni de la même manière dans un pays divisé, déchiré et traumatisé. Très peu avaient les moyens de se tenir informés ou s'y intéressaient. Presque tous ont tourné la page sur cette période, parfois par intérêt et pour faire peau neuve, faisant une génération d'amnésiques.

Tous les emails de *news* ont été remis à notre *Musée Familial*. Il en est de même des rédactions *"emailées"* de la série *Noir métallisé*. Nous ne pouvions pas les garder pour nous-mêmes.

Preuve que nos familles modestes peuvent aussi conserver et véhiculer la mémoire collective.

Marcel Yabili

Chroniques numériques RDCiennes

Février à Septembre 2001

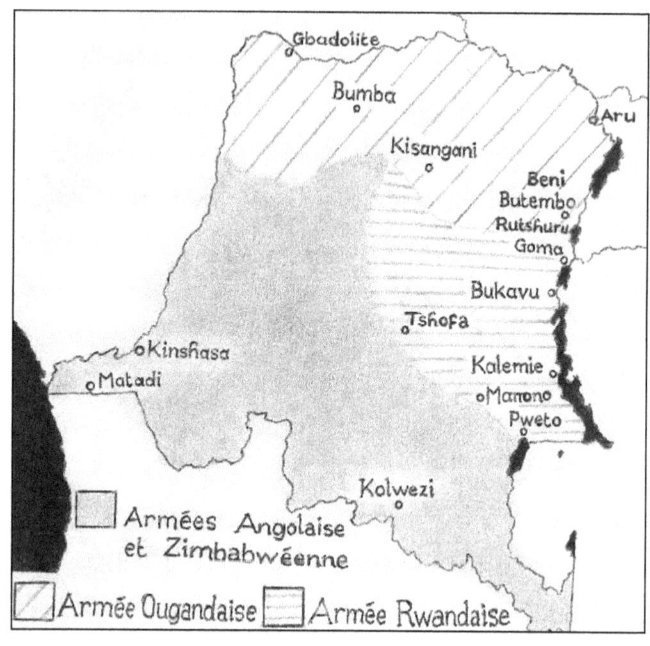

*En 2001, la RD Congo était déchirée
en trois zones de belligérants,
appuyés par des troupes étrangères ;
ce qui a fait parler de
« la Première Guerre mondiale africaine »*

Un nouveau code minier

Une conférence "Investir en Afrique" se tient à Capetown en Afrique du Sud.

Le vice-ministre des mines, Ambroise Mbaka Kawaya, a affirmé que la RDC a d'énormes potentialités minières. Le Congo était parmi les dix plus grands producteurs de cuivre au monde. Malheureusement, l'industrie minière a régressé. En une dizaine d'années, les exportations de cuivre ont chuté de 442.828 tonnes à seulement 31.225 tonnes, pendant que les ventes de cobalt sont tombées de 9.311 à 2.308 tonnes.

Ce déclin est dû à l'instabilité politique et à des lois minières inappropriées. L'an dernier, le gouvernement avait admis que la guerre avait gelé 600 millions de dollars de prévision d'investissements miniers et 360 pour la recherche.

Mbaka a annoncé que le Congo aura un nouveau code minier doublé d'un code des investissements en vue d'attirer des investisseurs étrangers. C'est l'objectif poursuivi par le nouveau président Joseph Kabila qui a plaidé pour alléger le contrôle des changes et libéraliser l'économie.

De son côté, l'agence Control Risk Group a déclaré que la mort de Laurent Kabila pourrait catalyser des changements politiques profonds au Congo.

7 février 2001 Darren Schuettler Reuters

La première interview

À 29 ans, Joseph Kabila **(JK.)** est devenu le plus jeune chef d'État africain. Mais au passé mystérieux. On lui reconnaît une formation militaire, de trois mois à l'académie militaire de Pékin, en 1998.

Autre génération, autre style...

Il n'a pas tardé à imposer une organisation plus stricte, plus militaire: que l'on soit proche ou non, il n'est plus question de débarquer à la présidence sans être annoncé.

D'anciens compagnons de route de son père qui s'étaient présentés en tenue de sport ont été éconduits. Par contre, les horaires sont respectés et le président, très courtoisement, prie ses visiteurs d'excuser ses inévitables retards.

Il apparaît déjà bien différent du jeune homme figé, engoncé dans son gilet pare-balles et son costume sombre qui avait prêté serment voici 40 jours. À l'aise dans une saharienne vert printemps, il exerce ses fonctions avec assurance et décontraction.

Sa toute première interview est accordée à Colette Braeckman **(CB.)**. C'est l'occasion de s'expliquer librement sur les sujets chauds du moment. Aucune question ne le rebute. Il s'exprime dans un français impeccable même si ses intonations n'ont pas la gouaille kinoise[9].

CB. *Où avez-vous passé votre jeunesse?*

JK. Après mon enfance à Hewa Bora, nous sommes allés en Ouganda, en Tanzanie. J'ai aussi vécu dans le maquis qui existait depuis 1990 en Ouganda, dans les monts Ruwenzori.

CB. *Vous demeurez un inconnu. Je me souviens de vous avoir vu de loin, à Kisangani, en 1997...*

JK. C'est vrai, j'étais là... J'étais avec les Rwandais et lorsque j'ai vu comment ils se comportaient avec les réfugiés hutus, j'ai pensé qu'un jour nous aurions la guerre avec ces gens-là...

Depuis lors, dans la région, il y a eu bien d'autres victimes, congolaises celles-là. Une ONG américaine a estimé que 2.500.000 civils congolais avaient péri au cours de la guerre actuelle. Un chiffre aussi massif n'est pas le fait du hasard: il y a bien eu intention de tuer la population. Cela aussi, c'est un génocide, contre les Congolais cette fois, mais nul ne s'en émeut.

CB. *Allez-vous créer votre propre parti?*

JK. C'est Dieu qui va me guider. Il est là pour nous. La question n'est pas mûre, nous l'étudions.

CB. *Si des élections ont lieu, serez-vous candidat?*

JK. Là encore, c'est Dieu qui va me guider.

CB. *Avec vous, Dieu aura un agenda chargé !*

JK. On verra...

7 mars 2001 Colette Braeckman Le Soir

Rupture avec "Dan"

Le Congo a annulé le monopole de 18 mois des exportations de diamant que Laurent Kabila avait accordé à IDI (International Diamond Industries) du jeune Israélien Dan Gertler, alors âgé de 26 ans.
Le Congo st le troisième plus important exportateur de diamants industriels au monde ; 1999 le minerai avait rapporté 70% des revenus d'exportation.

La firme israélienne IDI avait promis à Laurent Kabila 20 millions de dollars en cash et des recettes annuelles de diamants de 600 millions.

Mais un rapport des Nations Unies avait qualifié le contrat de "cauchemar" pour le gouvernement congolais et de " désastre" pour le commerce du diamant. Car pour contourner le monopole, beaucoup de négociants ont été au marché noir trafiquer les minerais vers les pays voisins.

Finalement, IDI n'avait payé que 3 millions sur les 20 promis. Mais IDI prétend avoir payé ce qu'il devait, mais sans citer de montant :

" Nous ne comprenons pas pourquoi le gouvernement veut changer cela. C'est sans doute à cause de pressions du Fonds Monétaire International".

Un conseiller de Kabila qui avait déclaré que IDI aurait aussi promis des experts de l'armée israélienne pour former une unité congolaise antifraude avait été arrêté aussitôt après cette déclaration.

21 avril 2001 Ellen Knickmeyer Associated Press (traduction)

La marque indélébile du pillage

Le 21 avril 2001 est publié le premier rapport du groupe d'experts des Nations Unies sur le pillage de la RDC. Le Panel[10] avait été mis en place au lendemain des affrontements entre les troupes rwandaises et ougandaises, auparavant alliées pour la conquête et l'occupation, à Kisangani, en 2000.

Les experts dévoilent les complicités congolaises avec les pays et les entreprises de prédation ainsi que l'ampleur du lien entre conflit et richesses naturelles. Le terme « pillage » entre dans le vocabulaire public congolais[11].

De son côté, le Conseil de Sécurité a, pendant trois ans, « condamné catégoriquement l'exploitation illégale des ressources naturelles de la République démocratique du Congo;

« réaffirmé que les ressources naturelles de la République démocratique du Congo doivent être exploitées de façon transparente, légalement et sur une base commerciale équitable, afin de bénéficier au pays et à la population »[12];

Ce premier rapport est le plus important. Il a désigné les initiateurs congolais du pillage et fourni des données économiques notamment sur l'Ouganda et le Rwanda. Kinshasa se tait. Kigali et Kampala protestent.

La présidente du Panel[13], l'ivoirienne Safiatou Ba-N'Daw se sent menacée et démissionne[14].

« *Safiatou Ba-N'Daw est une très belle femme ; elle associe élégance et détermination. De son père musulman et de sa mère catholique, elle a pris le meilleur des deux cultures. Mariée à un Sénégalais, elle fut une étudiante brillante, titulaire d'un Master de la Harvard Business School of Boston. Elle connut une ascension fulgurante. Auditrice dans le cabinet américain Arthur Andersen, elle travailla ensuite comme conseillère spéciale à la Société Financière Internationale, à Washington* »[15].

Des données du pillage par l'Ouganda

Exportations et production de minerais de 1994 à 2000

Année	Or	Étain	Colombotantalite	Cobalt
A. Exportations de minerais (en tonnes)				
1994	0,22	–	–	–
1995	3,09	–	–	–
1996	5,07	3,55	–	–
1997	6,82	4,43	2,57	–
1998	5,03	–	18,57	–
1999	11,45	–	69,50	67,48
2000	10,83	–	–	275,98
B. Production de minerais (en tonnes)				
1994	0,0016	3,704	0,435	–
1995	0,0015	4,289	1,824	–
1996	0,0030	0,380	–	–
1997	0,0064	1,810	–	–
1998	0,0082	1,102	–	–
1999	0,0047	–	–	76,74
2000	0,0044	–	–	287,51

Source : Uganda Ministry of Energy and Mineral Development.
Les données relatives à l'an 2000 portent sur la période janvier-octobre.

Production : néant, mais exportations d'or de 1994 à 2000

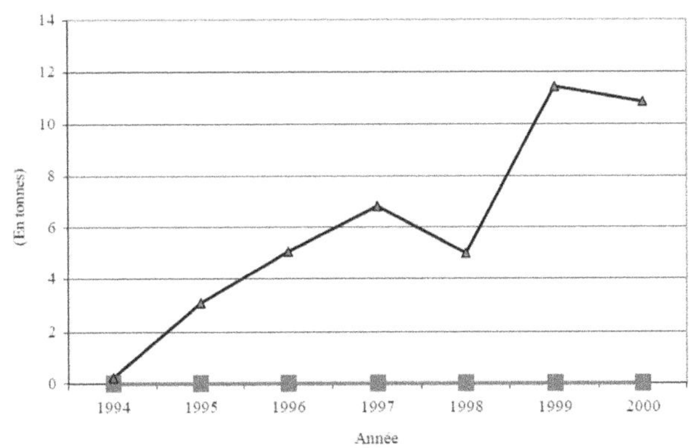

Extraits rapport S/2001/357

Exportations de diamants bruts de 1997 à octobre 2000

Année	Volume (carats)	Valeur (dollars É.-U.)
1997	1 511.34	198 302
1998	11 303.86	1 440 000
1999	11 024.46	1 813 500
2000	9 387.51	1 263 385

Source : Conseil supérieur du diamant.

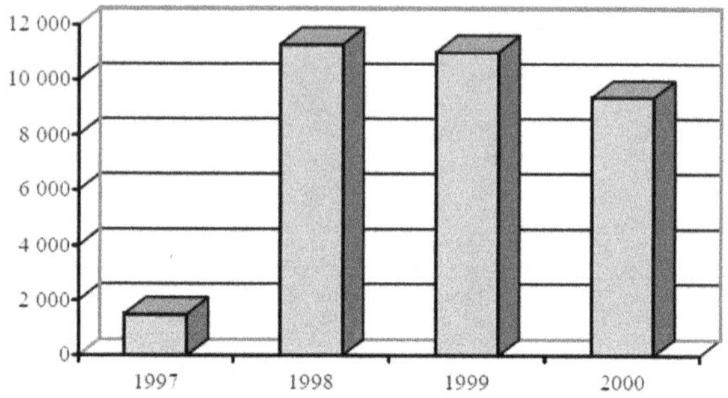

Exportations de café, bois, cassitérite

Café 1998 : 144 911 sacs
    1999 : 170 079 sacs
    2000 : 208 000 sacs

Bois d'oeuvre 1998 : 1 900 m^3
    1999 : 3 782 m^3 et 46 299 unités
    2000 : 3 272 m^3 et 3 722 unités

Cassitérite* 1998 : Néant
    1999 : 30 kg
    2000 : 151 fûts

Extraits rapport S/2001/357

Exportations de Nobium de 1995 à 1999

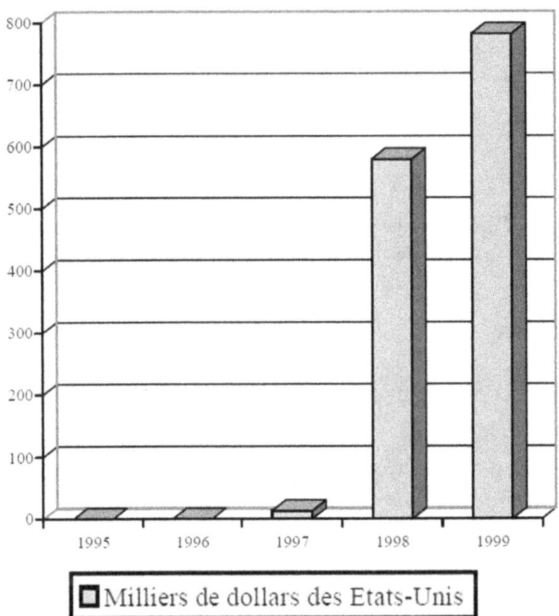

Année	*Niobium*
1995	—
1996	—
1997	13
1998	580
1999	782

Source : Organisation mondiale du commerce (données agré-
gées).

Extraits rapport S/2001/357

Une paternité congolaise

« L'exploitation illégale des ressources du pays par des étrangers avec la participation de Congolais a commencé avec la première « guerre de libération » en 1996.

« Les rebelles de l'Alliance des forces démocratiques pour la libération du Congo-Zaïre (AFDL), appuyés par des militaires rwandais, ougandais et angolais se sont emparés des régions est et sud-est du Zaïre.

« Au fur et à mesure de leur progression, l'homme à la tête de l'AFDL, signa des contrats avec un certain nombre de sociétés étrangères.

« De nombreux récits et documents indiquent que dès 1997, une première vague de « nouveaux hommes d'affaires » parlant uniquement anglais, kinyarwanda et kiswahili étaient déjà en activité dans l'est de la R.D. Congo.

« C'est alors qu'on a commencé à signaler de fréquents vols de bétail, de café en grains, etc. Au moment où éclata la guerre d'août 1998, Ougandais et Rwandais (les officiers supérieurs et leurs associés) connaissaient parfaitement le potentiel des ressources naturelles de l'est du pays et savaient où les trouver ».

Extraits rapport S/2001/357

Des données du pillage par le Rwanda

Production de minerais de 1995 à 2000

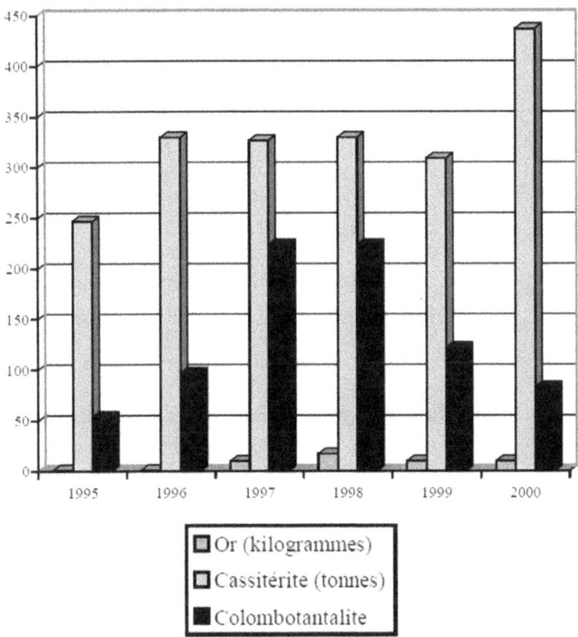

| | | Minéraux | |
Année	Or (kg)	Cassitérite (tonnes)	Colombotantalite (tonnes)
1995	1	247	54
1996	1	330	97
1997	10	327	224
1998	17	330	224
1999	10	309	122
2000	10	437	83

Source : Rwanda Official Statistics (No 227/01/10/MIN).

Extraits rapport S/2001/357

Production de l'or de 1995 à 2000

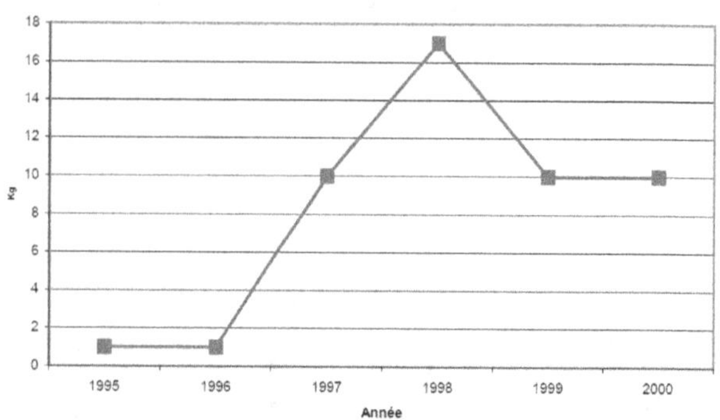

Exportations de diamants bruts de 1997 à octobre 2000

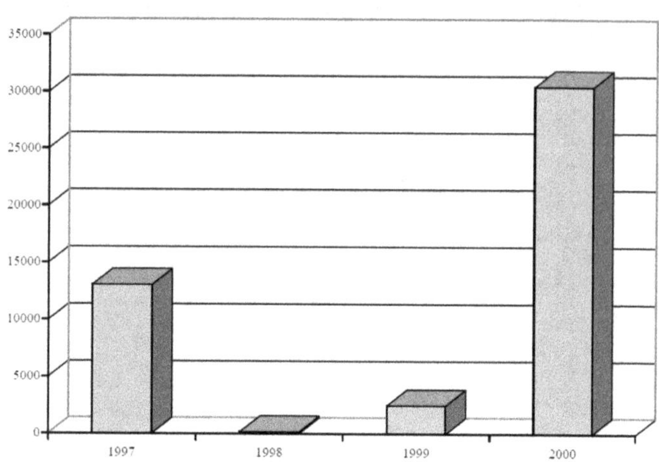

Nb. En carats

Extraits rapport S/2001/357

Le pillage : mode d'emploi[16]

« L'exploitation illégale des ressources minérales et forestières de la R.D. Congo se poursuit à un rythme inquiétant. On peut distinguer deux phases : le pillage systématique et l'exploitation endogène et exogène des ressources naturelles.

« *Un pillage systématique.*

« Pendant cette première phase, les stocks de minéraux, de café, de bois, le bétail et les fonds qui se trouvaient dans les territoires conquis par les armées du Burundi, de l'Ouganda et du Rwanda ont été enlevés pour être soit transférés dans ces pays, soit exportés sur les marchés internationaux par les ressortissants de ceux-ci, militaires ou civils.

« *Une exploitation endogène et exogène.*

« Cette phase a exigé planification et organisation. L'exploitation endogène a pu se développer grâce aux structures préexistantes qui avaient été mises au point lors de la lutte pour le pouvoir menée par l'Alliance des forces démocratiques pour la libération du Congo-Zaïre. Ces structures ont été améliorées peu à peu et de nouveaux réseaux d'acheminement des produits ont été mis en place.

« Quant à l'exploitation exogène, elle a utilisé les systèmes de contrôle mis en place par le Rwanda et l'Ouganda.

« Dans les deux cas, l'exploitation a souvent été menée en violation de la souveraineté de la République démocratique du Congo, de la législation nationale et parfois du droit international et elle a donné lieu à des activités illicites. Cette exploitation endogène et exogène est dirigée par certains acteurs clefs, y compris des chefs militaires et des hommes d'affaires, d'une part, et des services gouvernementaux, d'autre part.

« Cette exploitation illégale a eu deux types de conséquences :
a) accès de l'armée patriotique rwandaise à des ressources financières énormes et enrichissement de chefs militaires et de civils ougandais;
b) mise en place de réseaux illégaux dirigés soit par des chefs militaires soit par des civils.
« Ce sont ces deux éléments qui constituent pour l'essentiel le lien entre l'exploitation des ressources naturelles et la poursuite du conflit.
« Il existe certes d'autres facteurs : le rôle joué par certaines entités et institutions et le comportement opportuniste de certaines sociétés privées et personnalités influentes, y compris des décideurs en R.D. Congo et au Zimbabwe.
« Certains dirigeants de la région ont une responsabilité directe. Le Groupe d'experts est parvenu à la conclusion que des mesures très énergiques doivent être prises si l'on veut mettre fin au cycle de l'exploitation des ressources naturelles et de la poursuite du conflit en R. D. C».

Extrait rapport S/2001/357

Pas de champagne à Kigali

Courriel annuel
d'anniversaire
d'un drame
sur les berges du Lac Tanganyka

Imaginer sa propre mort est lugubre. Mais elle est proche voisine, omniprésente ! Et à tous les âges.

Par exemple, dernièrement, j'étais effectivement mort. Sauf que cela a été évité "contre mon plein gré". J'ai l'habitude de pénétrer chez moi comme dans une mosquée, en me déchaussant à la porte.

Cette fois, je n'avais eu guère de loisir avec mes doigts de pieds nus, mobiles et libérés de la civilisation. Je devais m'occuper, et tout de suite, de la catastrophe habituelle d'incessantes anomalies électriques. Un savant bricolage me permet de surmonter les chutes et perte de tension et d'assurer les alimentations vitales de la maison. On passe d'une phase à l'autre, du stabilisateur au redresseur sur batteries et au groupe électrogène.

Je devais refaire les branchements de fils multicolores qui couraient d'un système de secours à l'autre. Le froid remonta de mes pieds posés sur la surface carrelée pour me signaler que j'étais en contact avec le sol, et m'intimer l'ordre de mettre des chaussures.

Sans vraiment réfléchir, j'ai fait un détour par la salle des bains où j'ai enfilé des babouches. Elles avaient des semelles isolantes en caoutchouc. C'est ce qui m'a maintenu en vie. Car j'avais à peine saisi deux fils qu'un éclair, suivi d'une explosion, traversa mon corps.

C'est fort impressionnant une électrocution!

Si j'avais gardé un peu de mon éducation chez les Salésiens, ma mort imprévue de ce jour-là ne m'aurait pas pris au dépourvu. On se rendait à l'église tous les derniers vendredis du mois, pour « *l'exercice de la bonne mort* ».

C'était un examen de conscience pour se demander « si on était prêt, dans le cas où cela arrivait …». Car cela n'arrive pas qu'aux vieux, et Don Bosco avait expérimenté la douloureuse disparition d'un de ses jeunes.

Mais j'ai découvert par moi-même les bienfaits d'un autre exercice pour adultes, celui de « regarder avec des yeux de ses survivants ». C'était lorsque j'avais décidé de me mettre à la préretraite. L'une des clés de réussite de ma nouvelle vie était de changer totalement de décor. Comme je ne devais garder que l'essentiel, l'agréable et l'utile, je m'étais mis à fouiller systématiquement les meubles jusqu'à l'arrière des tiroirs. Soudain, j'avais attrapé un autre regard: celui de mes propres héritiers avec les mêmes gestes, "le jour d'après".

Toutes mes bricoles, même les plus précieuses n'avaient plus guère de valeur, et pouvaient être évacuées.

Dans *Un homme, un vrai*, Tom Wolfe s'interroge sur notre propension à nous installer dans la vie, à embellir nos habitations avec des tableaux, à nos yeux, les plus beaux, alors que quand nous ne serons plus là, nos enfants feront valoir leurs propres goûts, et ils vont tout revendre, ou tout jeter…

Par exemple, j'avais une collection de plus d'un demi-millier d'albums en vinyles 33 tours. Je ne les réécoutais plus et je ne pourrais jamais les réécouter tous. Est-ce que cela valait la peine de garder toute cette fortune musicale? J'ai alors décidé d'installer une platine et une chaîne Hi-fi au bureau et de jouer un disque différent chaque jour. Et chaque jour est devenu un jour de fête avec un nouveau paysage sonore. Cela pendant cinq ans!

J'ai fini par mûrir l'idée de « célébrer la VIE avec les vivants ». J'avais été inspiré par Crescensio. Il avait été malade de nombreux mois sans que la confrérie d'avocats ne s'en préoccupe. Jamais la moindre visite, ni la petite carte de vœux de bon rétablissement. Ni de roses pour illuminer sa chambre, ni un simple appel téléphonique. Il n'existait pour personne. Mais lorsque la nouvelle de sa mort envahit le Palais de Justice, il était soudainement devenu le « cher confrère » aimé et respecté. Tous enfilèrent leurs robes noires pour s'emparer de son corps, de son cercueil, bousculant le fils pour mettre en avant leurs hommages professionnels. La confraternité ! Au cimetière, Angelo put néanmoins réciter un poème en espagnol.

J'étais écœuré. Je pris ma plume pour écrire au Bâtonnier : « apprenez que c'est du vivant qu'il faut manifester de la confraternité. Aussi, je vous interdis, à ma propre mort, d'approcher ma dépouille, ma femme, mes enfants ! »

Des années après, je persiste et signe: on se doit de célébrer la vie des vivants, et non celle des morts !

Presque à la même époque, j'avais été faire des emplettes au Super Market sur l'avenue de mon cabinet. J'y rencontre Mademoiselle Castiaux, l'indéboulonnable institutrice de sixième année qui venait de tomber amoureuse d'Icare, et fréquentait l'aéroclub. Elle me rendit jaloux en m'annonçant qu'elle achetait de quoi manger à bord du petit avion qui décollait dans la demi-heure, piloté par un officier belge et qui amenait des membres de son club en excursion dans le Sud. Leur vol s'arrêta avant le Zambèze. Ils avaient crashé. Ils avaient survécu au crash, mais avaient dû souffrir avant de succomber.

Atroce ! Mais, sur le moment, j'avais été jaloux de la chance qu'elle avait de survoler les savanes puis le désert botswanais et namibien…

Dix ans auparavant, c'était l'année internationale de la Femme. Mobutu en profita pour faire le tour du pays et de donner la parole à ces belles créatures. « Ce sont nos *mama* » qu'il disait. À Lubumbashi, une dame fut huée parce qu'elle s'inquiétait de l'esclavage sexuel des danseuses du bas ventre dites « animatrices », mais qu'on aurait dû appeler des « anime - matrices ».

Vint le tour de la "cheffe" de la délégation de Likasi, une bonne mère de famille et épouse de haut cadre! Mais tout d'un rouge irrésistible habillée. Elle fit accompagner son discours de belles contorsions. Mobutu vit rouge et tomba amoureux d'elle. Sur le champ et en public. Il emporta la femme

jusqu'à Kin, jusqu'au Bureau Politique, dans ses voyages officiels …
L'époux cocu se tut, mais gagna un galon pour se prélasser dans un fauteuil de PDG…

C'est dire que j'avais un urgent besoin de dépaysement et de m'éloigner du pays du MPR.

Je m'étais excité à l'idée d'un remake de la convention de la WARTA (West African Round Table Associations) à Bujumbura que nous avions rejoint dans un Dakota de location, de mon amoureuse platonique la princesse Christine, du Chef de l'État burundais rencontré au bar d'un restaurant, et du retour en jouant et en sautillant autour d'un tambour royal dans l'étroit couloir du DC3.

Cette fois, ce serait Kigali avec les réunions, les traditionnelles soirées, un tour au parc de l'Akagera, et en prime, un voyage royal dans le bimoteur personnel de Marcel Berger de Kambove.

Le mercredi, Marcel décolle de Likasi comme copilote sous le commandement du moniteur de l'aéroclub de Likasi, il est accompagné de sa femme et d'un ami. Ils descendent spécialement à Lubumbashi pour me prendre, avant de remonter ensemble sur Kalemie pour une escale de nuit et de poursuivre, le lendemain, sur le Rwanda.

On s'était donné rendez-vous chez Jean Pierre D. qui avait organisé un gai déjeuner. Notre long week-end end avait bel et bien décollé. Mais soudain, le téléphone sonne.

C'était pour moi.

Le protocole de l'Université m'annonce une cata:
« le vice-recteur de l'Université et président sec-
tionnaire du Mouvement Populaire de la Révolution
annule votre voyage. Vous devrez tenir une conférence sur la "Vigilance Révolutionnaire" demain à
15 heures! »

J'essaie de joindre le vice-recteur pour une explication orageuse. Mais en vain. Au bout d'une heure, je
dois dire aux amis de ne pas m'attendre davantage.
Rapidement, on convient d'un plan de rechange: je
resterais le mercredi après-midi pour régler mon
problème avec le MPR et l'Unif, et j'embarquerais
le jeudi matin à bord du Fokker 27 qui faisait Lu-
bumbashi-Bukavu. « Et lorsque vous serez en finale sur Bukavu, le Commandant appellera la tour
de contrôle de Kigali pour informer Papa Bravo que
tu es à bord. OK ? Et nous viendrons te chercher à
Bukavu ».

À la table de Jean Pierre se trouvait un convive im-
provisé : Charles Vissers. Mon problème lui donne
une idée. « Puisque tu ne voyages pas, Marcel, je
prends ta place ! » Et il téléphone à Devos, le pa-
tron le plus difficile de la ville. Et miracle ! Le Devos lui donne son OK. Charles a eu juste le temps
de courir à son appart pour faire un sac de voyage
et rejoindre l'aéroport de la Luano.

Toute l'après-midi s'écoule ensuite sans que je ne
puisse entrer en contact avec le fameux vice-recteur.

C'était fait exprès, c'était pour me déstabiliser avec leurs méthodes staliniennes.

Déjà ils piquent des femmes d'autrui, et en public ! Qu'est-ce qui les empêche de me prendre un week-end ? Je décide de ne plus me battre contre le système pervers de Mobutu.

J'annule avec fermeté mon voyage. J'atteins la tour de contrôle de la Luano qui m'informe qu'ils étaient encore en contact avec l'avion de Marcel. J'entends encore la réponse radio : « Papa Bravo écoute ! ». Et je dicte mon message au contrôleur de l'air. « Je suis désolé... Pas moyen de régler problème... J'annule le voyage... Ne plus venir me chercher à Bukavu. Over ! »

Papa Bravo répondit : « Bien noté. On est également désolés. Over ! » Mon humeur dépressive ne me prive pas d'une ultime plaisanterie: « Et amusez-vous pour moi. Over ! »

Le lendemain, c'était le jour de mon anniversaire, en chiffre rond ! Et j'envisageais secrètement de célébrer, par surprise, au cours de la soirée à Kigali. C'est tout dire de mon état d'esprit lorsque je me rends à la salle de conférence au Guest House ex-Sabena. Vient le moment où je devais affronter le vice-recteur triomphant. Quelle forme d'immense dégoût allait-il m'inspirer en lui serrant la main?

Mais, contre toute attente, l'autorité académique est très surprise de me trouver là. « Comment ? Vous n'avez plus voyagé ?» Je lui raconte les tourmentes qu'il m'avait causées la veille.

Les ordres qu'il avait donnés et mes tentatives de le joindre avant le mercredi soir. Il me dit qu'il n'avait jamais rien ordonné.

« Mon type a fait de l'excès de zèle. Et je vais le sanctionner pour vous avoir fait rater votre voyage! J'avais seulement déploré que vous voyagiez, parce qu'avec vous, la série des conférences serait un grand succès!»

Cette information rendit plus noire encore la fin de ma journée de jeudi. Il en fut de même de la très longue journée de vendredi. Et de celle de samedi.

Mais le dimanche bascula dans la joie de retrouver bientôt les amis qui devaient être de retour. Je m'amène à l'aérogare où l'attente de leur avion se prolonge dans une gaîté croissante : la tour de contrôle n'a pas encore établi de contact avec Papa Bravo? Une bière de plus ! Et ainsi de suite, les bouteilles succédaient à d'autres *Simbas*.

Jusqu'à ce qu'arrive un gros avion d'où débarque un ami qui prétend qu'il revenait de Kigali. Il est furieux et il s'en prend immédiatement à nous.

« Vous alors ! Vous avez fait la honte pour le Katanga. Vous annoncez des délégués et personne n'est venu. Vous ne vous êtes même pas excusés! »

On se frotte les oreilles pour mieux entendre. On se

frotte même les yeux pour mieux comprendre. Mais qu'est-ce qu'il disait celui-là ? Il avait sans doute trop bu à la soirée de samedi ou dans l'avion !

Avait-il réellement participé à la Convention de Kigali, aux excursions et aux soirées ? « Mais nous étions bel et bien représentés par Marcel, par Charles et les autres !» L'ami insiste. « On ne les a jamais vus! »

Pourtant ils étaient partis le mercredi de Lubumbashi et le jeudi de Kalemie. Est-ce qu'on peut rester sans nouvelles d'un avion pendant 4 jours d'affilée?

On allait vérifier cela. Peut-être qu'ils ont eu un problème à Kalemie. Ou qu'ils s'étaient posés à Bujumbura, ou même qu'ils avaient dévié sur la Tanzanie. On allait vérifier cela. Nous gardons notre calme face à ce qui ne pouvait être qu'une impossible tempête de neige sous les tropiques.

Voilà. Le jour de mon anniversaire, Papa Bravo décolle de Kalemie, ses deux moteurs à piston lui font prendre rapidement de l'altitude sur les eaux brillantes du lac Tanganyka. Le contrôleur aérien omet de communiquer le plan de vol à Bujumbura et à Kigali. Puis, Papa Bravo entre en contact avec l'aéroport de Bujumbura pour l'informer de mauvaises conditions météo qui l'obligent à effectuer une déviation. Et puis, plus rien. Personne ne les attendait le jeudi, personne ne s'en inquiéta le jeudi.

Ni le vendredi, ni le samedi.

Jusqu'au dimanche soir.

Papa Bravo avait disparu, corps et biens.

« On les avait retrouvés », me dit, une année plus tard, un agent de sécurité de Mobutu.

Il m'avait réveillé au milieu de la nuit, et par téléphone, dans ma chambre de l'Hôtel Intercontinental, pour le rejoindre quelques étages plus bas. Seul un faible rayon de lumière sortait du bas de la porte de la salle des bains pour éclairer faiblement cet inconnu qui était assis à une table près de la fenêtre à droite.
« Il s'agit de l'avion où vous auriez dû embarquer. Ils s'étaient posés, puis nos soldats les ont retrouvés. Mais ils les ont pris pour des mercenaires, et ils les ont tués. C'est une sale affaire que nous n'avons pas voulu divulguer. Je vous le dis, parce que nous savons que cela vous torture. L'un d'eux, un jeune, avait un blouson… N'est-ce pas ? »
Le jeune qui avait un blouson?

Je découvris dans les biographies des disparus que Charles Vissers était né, à 10.000 km de distance, le même jour que moi.

Mon anniversaire aurait été le sien. Nous nous serions découverts et nous aurions sablé le champagne à Kigali.

Je l'entends encore Charles, tout excité à partir.   « Puisque tu ne voyages pas! Je prends ta place ! »
Comme s'il avait pris ma place de mourir!

Marcel Yabili Noir Metallisé Nr 20

2015. J'embarque à bord d'un bimoteur. Destination : le même Lac Tanganyka qu'avait survolé Papa Bravo. Et à la même date anniversaire du crash. C'est toujours ma date d'anniversaire, et j'amène du champagne pour le soir. Décollage.

On fait escale à Ndola. Le tarmac est tellement propre que je ne peux y jeter mon reste de chewing gum. Il y a un des dix-huit B737 d'Ethiopian alors que l'avionneur belge "colonise" le Congo avec un seul B737, et de vieille génération. Il y a surtout un immense panneau qui affiche les têtes de tous les chefs d'État zambiens et « 50 ans de paix et de stabilité ». Nous, on a 55 ans du contraire. Je pense à l'ami qui disait : « le monde véritable commence dès qu'on sort de la frontière congolaise !»

On rembarque. Le pilote annonce qu'on aura un atterrissage acrobatique sur une piste de brousse. « Aucun pilote zambien n'accepterait de faire ce vol en King Air ». Je garde mes pensées et mes souvenirs à moi. Je ne ressens aucune crainte superstitieuse d'un remake du crash en ce jour anniversaire. Le ciel est bleu, la vie est belle aussi !

Sur la rive lac, bordée de falaises recouvertes d'arbres enserrés, j'ai des pensées pour Papa Bravo, Marcel et Charles qui avaient été engloutis à l'autre extrémité. Et, le soir, j'ai partagé le champagne en disant : « amis, célébrons la vie » !

Marcel Yabili 2015

La société civile installée dans le décor

En vue de mettre fin à la guerre, l'accord de Lusaka du 4 mai 2001 souligne la liberté des "forces vives" et les invite aux négociations politiques inter-congolaises. Le facilitateur botswanais, Sir Ketumile Masire allait charger ses principaux conseillers de rencontrer des membres de la société civile.

Le 20 mai, les membres de la mission du Conseil de sécurité ont rencontré plusieurs représentants de la société civile congolais à Kinshasa. Ces entretiens ont eu lieu immédiatement après l'annonce, par le président Kabila, le jour de l'arrivée à Kinshasa de la mission du Conseil, le 17 mai, de l'intention de son gouvernement d'encourager la concertation entre tous les Congolais dans un souci de réconciliation nationale.

La faillite, parfois criminelle, et le discrédit de la classe politique favorisent les " forces vives". Elles s'installent dans le décor politique. Des ONG sont préférées à l'État pour recevoir et gérer des aides extérieures.

La société civile se manifeste à la Conférence Nationale Souveraine. En 1996 la Banque Mondiale appelle au soutien à la société civile dans l'analyse des politiques officielles et la formulation des alternatives. En 1997, les USA veulent une "société civile forte".

Dans son rapport périodique sur l'État du Monde, la CIA annonce l'influence croissante de la société civile...

mai 2001 Marcel YABILI

Les Interhamwe ne sont pas une réelle menace

Le Rwanda justifie son agression et son occupation du Congo par la menace des redoutables « génocidaires » de 1994 qui se sont installés en RD Congo.

Pour la première fois, près d'une centaine de combattants des ex-Forces armées rwandaises (FAR) et des Interahamwe (Nb FDLR) ont été tués, alors qu'ils tentaient de pénétrer la préfecture de Ruhengeri au nord-ouest du Rwanda.

« L'essentiel est de les neutraliser, nous voulons qu'ils déposent les armes », commente simplement le colonel Kazura. *« Ils ne peuvent rien faire parce qu'ils sont trop faibles. Les infiltrés n'ont que des armes légères, une vingtaine par groupe de 40 hommes ; ils n'ont même pas de lance-roquettes ni de mortiers légers ; ils sont épuisés après des mois passés dans le "bush". Leur mouvement vers le Rwanda ressemble plus à une opération suicide ; ils n'ont plus le choix avec l'application prochaine des accords de paix de Lusaka. Plus de deux cents ont déjà déposé les armes ou ont été capturés ».*

« Nous sommes très optimistes », conclut un membre de l'état-major de l'armée rwandaise (APR). *« Les Interahamwes ne poseront pas de problème au Rwanda et dans cette partie frontalière de la RDC, ils seront bientôt neutralisés ».*

7 juin 2001 Ruhengeri (Rwanda) (AFP)-

Génocide rwandais:
Pourquoi les Congolais devraient payer ?

Des ressortissants de la Province orientale du Congo se sont rassemblés à Bruxelles pour rappeler qu'il y a un an, Kisangani était pris au piège d'une guerre entre deux armées étrangères, rwandaise et ougandaise. Du 5 au 10 juin 2000, alors que l'ONU implorait vainement un cessez-le-feu, 6.000 obus furent échangés entre belligérants et frappèrent surtout la population civile, détruisant des quartiers entiers, faisant bien plus de victimes que les 600 morts officiellement recensés. Mais voilà : Kisangani, convoitée pour ses diamants, sa situation stratégique à la courbe du fleuve, n'est pas Sarajevo, et son impitoyable destruction passa presque inaperçue. Comme si Rwandais et Ougandais, ex-alliés désormais divisés par la convoitise et l'ambition, pouvaient agir en toute impunité en territoire étranger.
À l'époque, on brûlait les cadavres ou on les éventrait pour que, jetés dans le fleuve, ils coulent à pic, comme si les morts sans trace n'allaient jamais réclamer justice.

C'est pour cela que les amis, les cousins de ces disparus anonymes ont exigé la fin de l'impunité. Pour que cesse la guerre injuste qui oblige la population congolaise, dépouillée, humiliée, à payer pour un crime de génocide qu'elle n'a pas commis, et à faire les frais de l'exigence de sécurité de ses voisins.

Le 8 juin 2001 Colette Braeckman Le Soir

Le discours "le plus dur" des Évêques

La cérémonie d'intronisation de Mgr Charles Kambale Mbogha à la tête de l'archidiocèse de Bukavu s'est déroulée devant près de 50.000 fidèles. Présidée par le cardinal Frederick Etsou Nzabi Bamungwabi, archevêque de Kinshasa et président de la Conférence épiscopale nationale congolaise (Nb Cenco), elle a rassemblé de nombreux prélats venus de diverses provinces congolaises et plus de 200 prêtres de l'archidiocèse de Bukavu. Les autorités du Rassemblement congolais pour la démocratie (Rcd-Goma) ont également assisté à l'événement.

Dans leur message à la population, les évêques ont affirmé (pour ce qui est qualifié comme le plus dur discours prononcé par des représentants de l'Église devant des personnalités politiques de la RDC) leur ferme opposition à la guerre et à la " balkanisation" du conflit congolais, à la lutte armée pour la conquête du pouvoir et à la corruption, à la dictature et à la violation des droits de l'Homme.

Faisant part du besoin d'une "nouvelle classe dirigeante qui place les intérêts supérieurs de la nation au-dessus de toute autre chose et qui réponde de ses actes devant le peuple", les prélats ont exprimé leur désir de paix, de démocratie, d'unité et d'intégrité territoriale de l'ex-Zaïre, revendiquant en outre la sauvegarde des ressources du pays et la création de rapports de bon voisinage avec les pays limitrophes.

9 juin 2001 Misna

Psychose : les égorgeurs de Kinshasa

À Kinshasa, une réunion du gouvernement s'est penchée sur la situation sécuritaire du pays eu égard à la psychose des tueries et mutilations dans la ville de Kinshasa.

Cependant, dans aucune morgue de la ville on n'a pu voir des cadavres mutilés. Il ne s'agit que d'une campagne orchestrée dans le but de créer la panique au sein de la population en vue de la démobiliser face aux défis actuels.

Le ministre de l'Intérieur a présenté un certain nombre de mesures visant à renforcer la sécurité des personnes et de leurs biens dans la capitale.

« Mais le peuple congolais, qui est mûr politiquement, ne cédera pas à cette campagne d'intoxication. La vigilance est donc de mise ».

Stéphane Lusevakio, fonctionnaire, s'étonne :

« Je connais Kinshasa depuis de longues dates, je déplore le fait que la majeure partie de la population soit constituée d'analphabètes au sens plein du terme. Les gens devraient chercher à vérifier ce qui leur est raconté et, par la suite, chercher à comprendre d'éventuels jeux politiques qui se cachent derrière. Curieusement, une psychose engendre une autre. Une de plus dans nos familles, nos rues et nos quartiers ».

9 juin 2001 L'Avenir

Umugisha et Oscar : ces redoutables Interhamwe !

Oscar Iyamurenmye, 24 ans, a été capturé alors qu'il traversait le territoire de Rutshuru, du côté congolais de la frontière, près de la petite localité frontalière de Bunagana. Dans son petit sac à dos élimé d'écolier, on trouve tout l'équipement du parfait guérillero: une centaine de cartouches de calibre 7,62 mm pour fusil-mitrailleur kalachnikov, de la nourriture, un kilo de haricots, des allumettes, un canif, un carré de savon noirci, quelques comprimés antipaludéens, de la ficelle.

Mais Oscar n'avait pas d'arme quand il a été capturé. Ses avant-bras, à la peau dure comme du cuir, marqués de cicatrices, ses yeux rougis par la fatigue, ses vêtements crasseux déchirés par les broussailles témoignent des mois de privation et de vie rude à se cacher dans la brousse.

Ce sont plus de 200 Interahamwe qui ont été faits prisonniers dans le territoire de Rutshuru et rapatriés au Rwanda, selon un officier de l'armée rwandaise. *« Beaucoup sont jeunes et ont été recrutés après 1994. On trouve, en fait, très peu de combattants des ex-FAR ou de vrais Interahamwe, qui ont participé au génocide »*, explique-t-il. *« C'est pourquoi la plupart seront réintégrés dans les rangs de l'APR, ou même rendus à la vie civile s'ils le souhaitent, après une session de rééducation et de formation »*, assure-t-il.

9 juin 2001 Bunagana (RD Congo) AFP

Les terribles "génocidaires" ont enfin un visage !

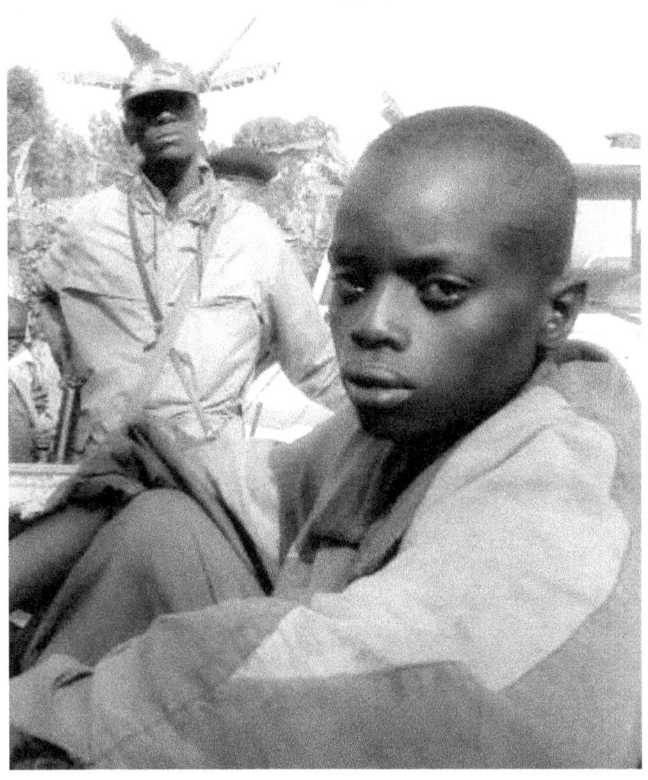

Umugisha Bizimana, 17 ans avait été fait prisonnier avec comme armement des machettes et des bâtons. Treize miliciens Hutus ont été arrêtés après que 150 avaient été tués dans des affrontements avec l'armée rwandaise.

AP Photo/Rodrique Ngowi

Lumumba à Bruxelles : un moment historique

Nb. En 2001, la "petite" Belgique se hisse au sommet du monde. La justice étend sa compétence universelle et juge des Hutus génocidaires. Le Sénat jugera le pillage du Congo. Faisant écho au livre "L'assassinat de Lumumba" de Ludo De Witte[17], la chambre basse a convoqué des notabilités historiques congolaises. Elles se rendent à Bruxelles[18].

Jean Van Lierde et Maryse Hockers sont deux militants de la cause panafricaine qui avaient croisé le destin de Patrice Lumumba : le premier se trouvait à Léopoldville le 30 juin 1960, la deuxième a été attachée au cabinet du Premier ministre congolais pendant les heures les plus chaudes de 1960.

À la commission parlementaire belge chargée d'enquêter sur l'assassinat du 1er Premier ministre congolais, Jean Van Lierde dit qu'il avait poussé Lumumba à répondre au discours prononcé le 30 juin 1960 par le roi Baudouin. Un discours effrayant, paternaliste, "léopoldien". Mais c'est Lumumba qui l'avait rédigé d'un bout à l'autre. Propos confirmé par Maryse Hockers : Lumumba n'avait pas besoin de "nègres" (blancs) pour écrire ses textes. Pour Van Lierde, la sécession du Katanga a été créée et inventée par les Belges pour sauver leurs intérêts.

De son côté, la Cour des comptes belge enquête sur les fonds secrets qui, à l'époque, alimentèrent la campagne contre Lumumba.

13 juin 2001 Avec Colette Braeckman Le Soir

Bruxelles, capitale de la «diplomatie éthique»

Un siècle après Louise Michel, communarde, pétroleuse et franche maçonne, voici Louis Michel, alias *Big Loulou* fils d'ouvrier maçon et ministre belge des Affaires étrangères.

Derrière cette homonymie de hasard, se cache une même filiation de caractères. Louis Michel est devenu le plus engagé des diplomates européens dans la défense des droits de l'homme.

Il incarne ainsi la nouvelle image internationale d'une Belgique qui apparaît tout à fait exemplaire en matière de démocratisation de sa politique étrangère.

Ainsi, la justice belge a-t-elle spectaculairement mis à profit la compétence universelle que la loi lui avait accordée pour organiser le procès de 4 Rwandais accusés d'avoir participé au génocide de 1994.

Pionnière en matière pénale, la Belgique est devenue la terre d'asile des procédures politiques, mais aussi le paradis de l'auto-analyse.

De son côté le Parlement de Bruxelles, mène l'enquête sur l'assassinat de Lumumba, il y a 40 ans.

Tout cela se fait dans la transparence et surtout avec l'appui de la population. Car ce qu'il y a de remarquable dans le modèle belge c'est que diplomatie, justice, parlement et opinion publique sont sur la même longueur d'onde.

14 juin Jacques Rozenblum RFI

Lumumba-fils : "sans haine ni vengeance"

« En nous poussant à quitter le pays, notre père nous a dit que la situation était très critique et qu'à tout moment il pouvait être assassiné », a déclaré François Lumumba à la commission belge d'enquête parlementaire. *« Il nous a dit qu'il avait beaucoup d'ennemis »,* et que *« surtout, le gouvernement belge ne supportait pas (qu'il) puisse avoir une politique autonome et indépendante ».* François Lumumba était, alors, âgé d'une dizaine d'années.François Lumumba s'est dit "prêt à tourner la page, sans haine ni vengeance, une fois la vérité établie"[19].

La commission entendit ensuite Robert Okito, fils de l'ex-vice-président du Sénat Joseph Okito. Jacqueline M'Polo, fille de Maurice M'Polo préféra évoquer le présent : *« Aidez le président Kabila, on va reconstruire un grand pays ensemble »* dit-elle.

16 juin 2001 Bruxelles (AFP) et Le Soir

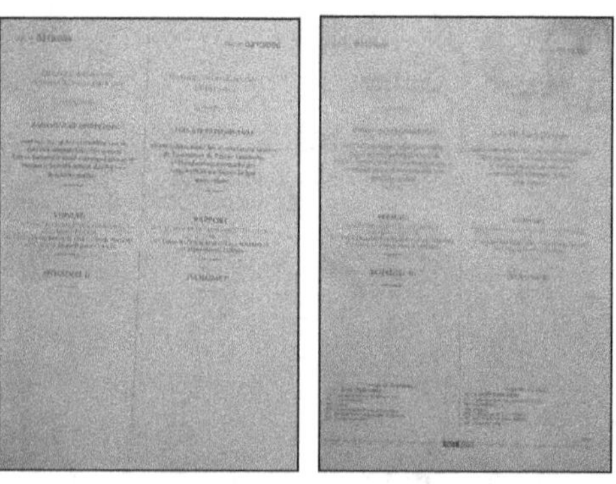

*Les 2 volumes des 988 pages du rapport du "procès" belge
(Nb. bibliothèque du Musée Familia)*

Des élections tout de suite

Une mission du Conseil de sécurité[20] a rencontré[21] Joseph Kabila à Kinshasa. Selon lui, les troupes rwandaises et ougandaises étaient des forces d'agression, et non des «forces non invitées»; elles devraient se retirer immédiatement. Le peuple congolais n'avait pas accepté ces forces ; sa résistance se poursuivait.

Kabila a reconnu l'importance des contacts directs avec le Rwanda, la situation humanitaire «désastreuse», les risques créés par le conflit au Burundi, les difficultés posées par l'opération de désarmement, démobilisation et réinsertion, et la nécessité de respecter pleinement les droits de l'homme.

Kabila a aussi confirmé que son gouvernement avait mis en place un programme de démobilisation des enfants de moins de 18 ans. Quatre enfants soldats qui avaient été condamnés à mort en 1999 avaient bénéficié d'une commutation de peine.

Selon lui, l'offre de dialogue avec tous réitère son appui à l'Accord de Lusaka, qu'il a qualifié de «Bible noire ». Ceux qui s'étaient emparés du pouvoir par la force des armes ne représentaient pas le peuple. Lui-même n'avait pas l'intention de s'accrocher au pouvoir, mais il souhaitait donner au peuple congolais le droit de décider de son propre avenir. Si les Congolais n'avaient pas cette possibilité maintenant, ils devraient peut-être encore attendre pendant 40 ou 50 ans. Il voulait voir des élections pendant sa vie, de préférence pendant l'année en cours.

Rapport de la mission Sf2001 1408

Patassé: Bemba est mon frère, Kabila est mon fils

Ange-Félix Patassé, victime d'une tentative de putsch en mai 2001, a justifié l'appui à son régime du rebelle Jean-Pierre Bemba, tout en insistant sur ses efforts pour un retour à la paix en République démocratique du Congo (RDC).

« Avec Bemba, nous avons plus de 1.000 km de frontière commune. J'ai intérêt de maintenir un climat de paix sur les deux rives. Si on n'applique pas une politique de proximité qui soit fiable, on engendrera un foyer de guerre », a-t-il dit.

Entre 300 et 700 éléments du Mouvement de libération du Congo (MLC) sont venus prêter main-forte au régime Patassé lors du putsch avorté de l'ancien président André Kolingba.

« J'ai demandé à Bemba de m'aider au nom de mon peuple », a ajouté le Centrafricain.

Il a assuré qu'il n'était "pas un aventurier".

« J'ai toujours été très clair avec les protagonistes du conflit congolais », a-t-il dit.

« Il faut que mon frère Bemba et mon fils (le président congolais) Kabila se tendent la main, que les Ougandais et les Rwandais quittent le Congo ».

16 juin 2001 Bangui (AFP)

"Vous vous foutez de nous, Mr Ndele !"

Les auditions de témoins organisées dans le cadre de la Commission Lumumba ont connu leur premier incident avec Albert Ndele, ex vice-président du Collège des Commissaires généraux institué en 1960 par Joseph Mobutu pour remplacer le gouvernement Lumumba.

Selon Ndele, le groupe de Binza qui regroupait des personnalités telles que Joseph Mobutu, Victor Nendaka (chef de la Sûreté), Justin Bomboko (Affaires étrangères) *" était un groupe de quartier"*.

« *Et vous jouiez au football et aux cartes ou vous parliez politique?* », s'interroge Geert Versnick. « *Nous parlions administration* », répond Ndele.

Geert Versnick est le président de la Commission. Énervé et tapant du poing sur la table, il dit à Albert Ndele: « *Vous mentez, c'est clair et net! Ce témoignage m'inspire que ce que vous venez de dire n'est pas véridique et n'est pas conforme aux réalités ; vous essayez de nous cacher pas mal de choses.. Nous avons toutes sortes de documents qui attestent que vous palabriez à l'époque à propos du gouvernement Lumumba, vous occupiez de hautes fonctions et vous nous dites que vous ne discutiez pas politique ! Vous vous foutez de nous!* ».

Et de mettre fin à l'audition d'Albert Ndele qu'il prie de quitter les lieux.

26 juin 2001 LibreBelgique et Belga

Nyns, Nendaka et le "Mulopwe" Kalonji

Au "procès Lumumba", Jacques Nyns a raconté que, à la veille de l'indépendance, Lumumba lui avait soumis le texte belge du traité de coopération et d'amitié belgo-congolaise. *« Rien n'était organisé pour l'indépendance. J'y ai ajouté un paragraphe relatif aux bases militaires belges du Congo, et un autre concernant les échanges commerciaux, sur la nécessité d'accorder au Congo la clause de la nation la plus favorisée ».*

Comparut ensuite Victor Nendaka, qui fut le premier administrateur de la Sûreté du Congo indépendant. Selon lui, le principal responsable du gâchis qui a suivi l'indépendance du Congo est... Jean Van Lierde, qui fut le proche conseiller de Lumumba et qui *« tel Satan, il l'a incité à faire ce discours du 30 juin qui a tout déclenché. Il a piégé Lumumba en profitant de son inexpérience ».*

Albert Kalonji qui fut empereur (Mulopwe) président du Sud-Kasaï sécessionniste apporta son témoignage. Il en voulait à Lumumba qu'il jugeait responsable des massacres des Balubas menés par les Luluas. Son ressentiment s'accrut lorsque les forces armées congolaises lancèrent, en août 1960, une offensive contre le Sud-Kasaï qui a été qualifiée de "génocide". Mais il nie avoir voulu se venger de Lumumba et il affirme avoir refusé qu'on le lui livre à Bakwanga.

27 juin 2001 Le Soir

Des "Katangais" belges accusent Munongo

À la Commission parlementaire d'enquête sur l'assassinat de Lumumba, les Belges qui participèrent à l'assistance au Katanga attribuent la responsabilité finale de tuer Lumumba à G. Munongo.

Jacques Brassine s'est dit étonné que Kibwe ait chargé Tshombe. *« Les deux plus durs, c'étaient Munongo et lui. Kibwe ment comme il respire quand il dit que Tshombe avait le pouvoir ».*

René Smal a vu Lumumba et ses compagnons descendre d'avion, "en mauvais état" mais "à pied". Mais il rejette toute idée d'une programmation belge de l' "exécuter". *« Il faut chercher du côté de Munongo. Tshombé n'aurait rien fait à Lumumba, j'en suis sûr. Il l'aurait seulement mis en prison».*

Pour Mario Spandre, avocat de 33 ans en 1960, devenu un des confidents de Tshombé, ce dernier avait subi plus que provoqué les événements, c'est Munongo qui voulait en découdre. Et la CIA, jouant la carte Mobutu, a voulu mettre ailleurs "les colis encombrants". Qu'ils aient souhaité ou non de recevoir Lumumba, les Katangais ne pouvaient que le tuer une fois qu'il était entre leurs mains, par haine ou pour d'autres raisons.
«Il y a aussi la croyance que quand vous tuez un homme puissant aux pouvoirs extraordinaires, par sa personnalité ou par les sorciers qu'il a consultés, vous recevez toute sa puissance. Tshombé était moins crédule, mais Munongo croyait à tout cela».

3 juillet 2001 La Libre Belgique et Le Soir

Lumumba, un "assassin"...

Des Belges n'ont pas les mêmes qualificatifs envers Lumumba dont l'assassinat est examiné par une commission d'enquête parlementaire. Celle-ci a aussi reçu Arnoud d'Aspremont Lynden, fils de Harold, ministre des Affaires africaines au moment des faits. Interview.

La Libre Belgique *Le télex demandant à Tshombé de donner son accord pour le transfert - fatal - de Lumumba à Élisabethville a été écrit de la main d'un collaborateur et non de celle du ministre Harold d'Aspremont Lynden...*

Arnoud ... Et en plus, il est arrivé après que Tshombé avait pris sa décision. Un autre élément important concerne le télex d'octobre 1960, où il est question de l' *«élimination définitive»* de Lumumba. C'est évidemment d'une élimination politique qu'il s'agissait.

La Libre Belgique *Lumumba était lui-même un assassin. L'Onu a qualifié de «génocide» la répression au Sud-Kasaï, dont il a porté la responsabilité. Et il y avait aussi la menace soviétique. Dans un tel contexte, la raison d'État ne peut-elle pas conduire à des décisions dures?*

Arnoud Je ne crois pas. Ce n'est pas du tout dans nos traditions occidentales, européennes.

4 juillet 2001 Avec La Libre Belgique

Belgique: une "plaintite" internationale aiguë

Conséquence de la "compétence pénale universelle" belge, la gestion des plaintes avec constitution de partie civile pour crimes contre l'humanité auprès du parquet de Bruxelles devient difficile.

Le procureur voudrait faire un bilan et que des mesures, législatives ou d'organisation judiciaire, soient prises. Il se demande s'il faut continuer à laisser à tout le monde la possibilité de porter plainte et de se constituer partie civile et, à chaque fois, ouvrir une instruction judiciaire.

Dans le cadre la loi de 1993, modifiée en 1999, plusieurs dirigeants étrangers ont été l'objet de plaintes en Belgique, notamment:

- Laurent-Désiré Kabila (décédé)
- Abdoulaye Yerodia, (ministre des affaires étrangères, et sous un mandat d'arrêt international)
- Paul Kagame (Rwanda),
- Augusto Pinochet (Chili),
- Ariel Sharon, premier ministre (Israël),
- Hissene Habré (Tchad),
- Les présidents ivoiriens Gbagbo et Guéi,
- Saddam Hussein (Irak),
- Trois ex-dirigeants khmers rouges (Cambodge),
- L'ex-ministre de l'Intérieur marocain,
- L'ex-président iranien,
- Des dirigeants guatémaltèques.

2 juillet 2001 La Libre Belgique

Un Dakota pour nourrir le Nord Katanga

Le Programme alimentaire mondial (PAM) a débuté son plus ambitieux pont aérien en R.D. Congo, depuis le début de la guerre en 1998, dans le Katanga où des régions entières ont été isolées pendant de longs mois. Le PAM prévoit de distribuer 650 tonnes de vivres et 100 tonnes d'autres secours dans six localités afin d'aider 25.600 personnes. Des dizaines de milliers de personnes déplacées par les combats quittent les forêts où elles s'étaient cachées pour rentrer chez elles, dans des villages complètement détruits. Ces personnes, totalement démunies, sont dans un état déplorable et souffrent de graves problèmes de malnutrition, les enfants présentent de graves problèmes de santé.

Un DC3 (Nb Dakota), financé par les États-Unis, effectuera plusieurs vols par jour vers Manono, Nyunzu, Kongolo, Kabalo, Mulongo et Kiambi, des endroits coupés du monde pendant 32 mois de guerre et où les gens n'ont pu cultiver leurs terres. *« La région demeure toujours très dangereuse. Les routes sont minées. C'est pour cela que l'on est obligé d'organiser un pont aérien »*.

À Lubumbashi, le PAM vient aussi en aide à 128.000 déplacés du nord du Katanga.
Dans la province de l'Equateur le PAM a distribué 530 tonnes de vivres à Mbandaka, par barges sur le fleuve Congo où les conditions de sécurité demeurent dangereuses. Il s'agissait du premier arrivage de vivres depuis huit mois.

20 juin 2001 Genève (AFP)

21 juin : Soleil noir sur Lusaka

Le soleil s'est levé,
Mais par deux fois il se couchera.
En vain il tendra ses bras à Hélène,
Promesse d'une lune de miel éternelle.
Les curieux sacrilèges
En perdront à jamais la vue.
Car l'éternel aussi exige une " protection",
Pour tout accouplement fortuit.

M. Yabili

Les écoles de la RDC sont fermées afin de protéger les jeunes enfants des "méfaits de l'éclipse solaire" pour leurs yeux. Ainsi, les parents surveillent leurs jeunes enfants, qui livrés à eux-mêmes dans les cours de récréation, auraient eu la tentation de fixer le soleil au moment de l'éclipse.

« Lors d'une éclipse, les gens veulent regarder le ciel: cela est dangereux; il aurait fallu les équiper de lunettes spéciales. On ne les a pas ».

Kinshasa (AFP)

Pourquoi est-il dangereux de regarder le soleil lors d'une éclipse solaire? On sait que les rayons du soleil sont dangereux: éblouissement, brûlures, etc . Mais quand on regarde habituellement vers le soleil, la pupille de l'œil se contracte pour laisser passer le moins de lumière. Résultat : l'œil se referme automatiquement et se trouve ainsi protégé.

Mais avec une éclipse, les réflexes de l'homme sont surpris. Dans la première phase de l'éclipse, la pupille se dilate au fur et à mesure que la lumière faiblit et que la boule de la lune avance pour masquer le soleil. Mais une fois atteint le maximum de l'éclipse, la lumière s'intensifie de plus en plus et elle trouve un œil trop ouvert... C'est à ce moment-là que les rayons pénètrent et brûlent l'œil.

Comment procède-t-on pour déterminer les caractéristiques des éclipses futures ? C'est assez simple. Il y a une éclipse toutes les cinq ou six nouvelles Lunes, c'est-à-dire au minimum deux fois par an. On calcule la date de la nouvelle Lune et le moment de la conjonction avec le Soleil, on regarde l'écart apparent qui sépare les deux astres, et, en fonction de cet écart, on détermine s'il y aura ou non éclipse.

Avec l'informatique, ça va très vite. Un vieil ordinateur a mis 2 heures pour trouver 16.600 éclipses... Autrefois, on faisait tout à la main et il fallait déterminer un par un tous les points de la carte qui correspondaient à la limite de la bande de l'éclipse totale. Cela prenait plusieurs mois. Ce n'était donc pas exagéré de dire qu'il s'agissait de "calculs astronomiques" !

M. Yabili et Le Monde

La première éclipse totale du millénaire a évité le spectacle lamentable de la RDC, ses misères et ses miséreux. L'obscurité totale a longé les frontières avec un taux maximum d'obscurité vers 13h40 locales à Kinshasa, et 15h10 à Lubumbashi.

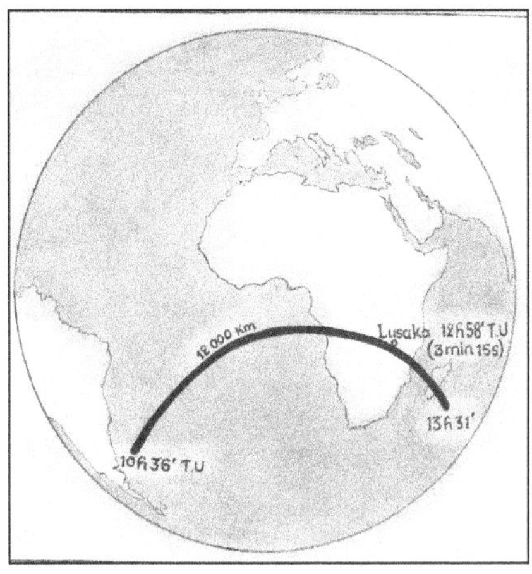

La zone de visibilité de l'éclipse s'est étendue de l'Est de l'Amérique du Sud, à l'Ouest de l'océan Indien. Le cône d'ombre a touché l'Afrique par les côtes de l'Angola, et atteint son pic à Lusaka avec 3m et 15 s de durée de phase de totalité. Le cône d'ombre est ensuite passé entre le Zimbabwe et le Mozambique avant de se diriger sur le sud de Madagascar et de finir dans l'océan Indien.

À Lubumbashi, notre famille avait proposé un vol spécial de Jo Demaeght pour vivre l'éclipse totale sur le tarmac de Lusaka. Mais les gens refusent de vivre des moments historiques. Ayant été les seuls à vouloir s'inscrire, le vol fut annulé.

M Yabili et Ambassade de France.

La vitesse de l'ombre de la Lune sur le sol terrestre a été de 500 à 2.000 mètres par seconde, soit de 1.800 à 7.200 km/h. En RDC, l'éclipse a débuté à Matadi à 10h 59 T.U. et a atteint Bukavu à 11h 51.

Position			DÉBUT de l'éclipse partielle		
Latitude	Long	Localité	T.U.	P (1)	Z (2)
			h m s		
-5 50	- 13 32	Matadi	**10 59 19.9**	255	71
-4 18	- 15 18	Kinshasa	11 6 20.3	253	76
+ 3 13	- 19 48	Gemena	11 30 26.3	241	92
- 6 10	- 23 39	Mbuji-Mayi	11 32 7.8	257	107
-10 45	- 25 25	Kolwezi	11 34 52.9	264	114
-10 58	- 26 47	Likasi	11 38 53.1	264	118
-11 41	- 27 29	Lubumbashi	11 40 36.3	265	119
+ 0 33	- 25 14	Kisangani	11 44 4.4	245	110
- 2 30	- 28 50	Bukavu	**11 51 32.5**	250	118

(1) P = angle au pôle **du point de contact**
(2) Z = angle au zénith du point de contact

Nb. Prochaines éclipses totales sur l'Afrique :
4 décembre 2002 (Angola), 29 mars 2006(Nigeria), 2 août 2027 (Maroc), 25 novembre 2030 (Afrique du Sud), 20 mars 2034 (Nigéria, Cameroun).

Etc.

La bataille du cellulaire: 30 projets

Pays précurseur dans le secteur du téléphone cellulaire avec l'implantation du premier réseau (Nb Télécel) dès le milieu des années 80, la RDC voit les opérateurs privés arriver en masse en 2001.

Cette sollicitude envers l'ex-Zaïre, pourtant ravagé par une guerre depuis bientôt trois ans et dont l'économie est ruinée, tient à deux chiffres. D'une part, la RDC représente un marché potentiel de 50 millions d'habitants. D'autre part, le téléphone filaire a quasiment disparu, du fait de la décrépitude générale des services publics.

Les deux derniers venus dans le secteur, Celtel et Oasis-SAIT, affirment avoir engrangé 120.000 abonnés depuis le début de l'année. Contrairement à leurs prédécesseurs, qui ciblaient "l'élite politico-économique" et qui garantissait la rentabilité des investissements avec quelques milliers d'abonnés, ils ont visé une nouvelle clientèle, jusque-là tenue à l'écart par les tarifs prohibitifs des abonnements.

La réglementation du secteur devient d'autant plus urgente qu'une trentaine d'autres opérateurs ont des projets dans leurs cartons et que la profusion des réseaux entraîne des problèmes d'interconnexions, contraignant des abonnés à multiplier les abonnements et les appareils.

À Kinshasa, huit opérateurs se disputent 150.000 abonnés. La bataille est féroce.

23 juin 2001 Kinshasa (AFP)

85% de diamants, exportés en fraude

Selon les données confidentielles de l'Office Belge du Diamant, près de 85%, en valeur, de diamants congolais ont été exportés frauduleusement.

Le vice-ministre Mbaka Kawaya déclare que le gouvernement avait prévu la certification des diamants pour combattre cette fraude et avait signé, à cette fin, un contrat technique avec le Haut Conseil du Diamant à Anvers. Le ministère cherche aussi à acquérir des détecteurs, quoique fort coûteux, auprès de la firme De Beers. Celle-ci aurait des plans de rouvrir un bureau à Kinshasa.

Le trafic de diamants, déjà endémique, s'est aggravé lorsque Laurent Kabila avait rompu le contrat de la succursale de De Beers et accordé le monopole à la firme IDI du jeune Israélien Dan Gertler. En réaction, les gens ont refusé de les lui vendre "à son prix".

Et sur un volume de 1.020 millions de dollars américains de diamants congolais, l'Office belge montre que 854 millions ont été éludés. Cette fraude, qui transite principalement par Brazzaville et Dubai, dépasserait même le budget, encore que le gouvernement de L.D. Kabila n'avait jamais publié de budget. Il n'y a pas de chiffres pour les diamants de Kisangani qui transite par Kigali.

25 juin 2001 The Star (SA) – Traduction

Le retour de la tuberculose

On la croyait vaincue. Mais voilà, depuis 1994 la tuberculose a réapparu avec un taux annuel d'infection d'environ 3% pour la seule ville de Kinshasa où l'endémie reste, selon l'OMS, une maladie de honte.

Cependant, les professionnels de la santé font remarquer que les infections dues au bacille de Koch restent les plus faciles à guérir en raison notamment du traitement auquel toutes les couches de la société peuvent accéder.

Le Dr Mbete soutient que la lutte contre la propagation de cette maladie passe par une sensibilisation des populations qui doivent se débarrasser du mythe entretenu autour de la tuberculose de manière à favoriser le dépistage des personnes infectées. Le médecin souligne aussi que le recours à une bonne hygiène et à une alimentation saine et riche constitue également un moyen efficace de lutte contre l'endémie.

Par ailleurs, le nombre de cas de tuberculose en Afrique devrait doubler au cours des dix prochaines années en raison de la propagation croissante du virus du sida et du financement insuffisant des stratégies efficaces pour traiter la tuberculose.

Chaque année, le nombre de cas de tuberculose augmente de 10%, en Afrique, à cause du VIH. En 1999, le continent a enregistré deux millions de nouveaux cas de tuberculose, les deux tiers de ces malades étaient également infectés par le VIH.

25 juin 2001 Numerica Kinshasa

Le martyre de Kikuni Masudi

Selon Amnesty International, *« le Congo traîne derrière lui des décennies de violations des droits de l'homme et de pratique de la torture. À la période Mobutu a succédé celle de Laurent-Désiré Kabila, et les choses ont plutôt empiré. Les lieux de détention secrets ont été multipliés, ainsi que la pratique de la torture »*.

Les enfants ne sont pas non plus épargnés par ces pratiques barbares. Un des cas les plus dramatiques cités par Amnesty est celui de Kikuni Masudi. Ancien membre du groupe spécial de sécurité présidentielle de L.D. Kabila, il faisait partie des soldats qui s'étaient retirés de Pweto, après la prise de cette ville par les troupes du Rwanda et du RCD-Goma.

Arrêté le 7 octobre 2000 à Lubumbashi, probablement parce qu'on le soupçonnait - à tort - d'être tusti, il a été conduit dans un centre de détention de l'Agence nationale de renseignements où on lui a fait subir un calvaire atroce : fouetté, frappé à coups de crosse et de bâton, il a eu la jambe et le bras gauche fracturés. Il aurait ensuite été enduit d'huile de palme et forcé à s'asseoir sur des braises. On lui aurait enfin broyé les pieds à coups de marteau. Amnesty a d'abord pensé qu'il était mort, mais il aurait été emmené dans un hôpital où il séjournerait toujours. Faute de soins pointus, il est peu probable que le pauvre corps martyrisé de Kikuni Masudi se rétablisse.

28 juin 2001 Le Soir

Un Tribunal pénal international pour le Congo ?

Godfrey Byaruhanga, chercheur d'Amnesty International pour l'Afrique centrale explique que « *le 8 mars, Joseph Kabila a annoncé la fermeture des lieux de détention secrets. Ils existent malheureusement toujours, et on continue à arrêter arbitrairement et à torturer de nombreuses personnes. Le gouvernement de Kinshasa va très prochainement annoncer l'organisation d'une grande conférence sur les droits de l'homme. À quoi bon si les hommes du président continuent à torturer en coulisse ?* »

28 juin 2001 Le Soir

* * *

À la Conférence nationale sur les droits de l'Homme, la délégation du Sud-Kivu a demandé d'instituer un tribunal pénal international pour juger les graves crimes commis en R.D.C.

« *La population civile a subi des violences en tout genre: enterrement de personnes vivantes, homicides et des diverses formes de torture et de viol* ».

Les quelque 300 représentants de la société civile congolaise, venus de toutes les provinces du pays, ont également réclamé l'abolition de certaines institutions, telles que la Cour d'ordre militaire (Com), les Forces armées populaires (Fap), et des structures "inutiles" comme le Bureau national pour le progrès social (Bnps).

29 juin 2001 Misna

Les volcans se rebellent aussi

Le Nyamulagira et le Nyiragongo, deux volcans situés à l'Est de la RDC, sur la chaîne des Virunga qui s'étend le long de la frontière avec le Rwanda et l'Ouganda, menacent d'entrer en éruption. Si cette alerte devait se matérialiser, la vie de plus de 300.000 personnes serait en danger.

Le Nyamulagira était entré en éruption en février. Mais la situation reste toujours préoccupante avec la menace du Nyiragongo. Selon les vulcanologues, sur le terrain, des "trémors" volcaniques de grande amplitude continuent à être observés avec une activité sismique caractérisée par des essaims et des séismes de type "C", révélatrice d'une montée de magma.

« Tout ceci montre qu'il y a un réservoir de magma très superficiel en pleine gestation » a indiqué Dieudonné Wafula, Chercheur au Centre de recherche scientifique nationale (CRSN) de Lwiro, à Bukavu. Les volcanologues suivent de près l'activité des volcans Nyamulagira et Nyiragongo, "qui sont parmi les plus actifs au monde". Selon ce chercheur, les trémors et les essaims de séismes sont toujours considérés comme précurseurs d'une éruption éventuelle.

2 juillet 2001 Kigali, Rwanda (PANA)

Nb. Finalement, le Nyiragongo entrera en éruption le 17 janvier 2002. Une des trois coulées de lave traversera la ville de Goma ; une autre coulée ensevelira une partie de la piste d'aviation.

*Intérieur du cratère du volcan Nyamulagira
et son lac de lave*

Miroir intérieur de bonne ou mauvaise conscience

Le Premier ministre belge Guy Verhofstadt s'est rendu à Kinshasa pour assister aux festivités commémoratives de l'indépendance. À cette occasion, il a annoncé la reprise de la coopération avec le Congo suivant trois lignes de force: l'intensification et l'approfondissement graduel de la coopération au développement; la libération des prêts d'État à État bloqués depuis 1991 et leur affectation à des projets à dimension sociale, et le renforcement des actions de la diplomatie préventive des conflits. Ce renforcement de la coopération ne se fera pas encore d'Etat à État, dans la grande majorité des cas, et passera par des intermédiaires comme des Organisation non-gouvernementales.

La libre Belgique

S'adressant aux Kinois, Guy Verhofstadt a reconnu une évidence : « *Vous êtes une part de notre passé. Des liens particuliers très forts unissent nos deux pays et ce qui nous unit relève de ce miroir intérieur qu'est notre bonne ou mauvaise conscience, cette frontière entre le bien et le mal, entre la bonne intention et la maladresse.* 3 juillet 2001 Le Soir

Guy Verhofstadt s'est aussi rendu à Kisangani, exhorter la direction du RCD-Goma à retirer ses troupes de la région et à appliquer les accords du cessez-le-feu de 1999. « *Nous, nous n'accéderons pas à une requête venant d'étrangers nous demandant de quitter notre maison* », a répliqué Azarias Ruberwa.

2 juillet Kisangani (AP)

Vendu 1 million de dollars

*Les objets d'art premier ont souvent de la valeur
Cette table rituelle tshokwe,
venant de la frontière avec l'Angola,   a
été adjugée à Paris pour 960.000 dollars*

30 juin 2001   AP Photo

Une aide divisée et diviseuse

Depuis son accession au pouvoir, Kabila a su prononcer les paroles qu'il fallait; ses périples en Occident ont été un parcours sans faute, il a réussi à débloquer l'engrenage de la paix et à drainer la sympathie internationale envers le pays, morcelé et pillé.

Non seulement le jeune chef d'État s'est affirmé sur la scène internationale, mais il a entrepris, passant au-dessus de la classe politique, de conquérir l'opinion intérieure. Cependant, sa réussite ne passe pas seulement par les discours : ayant accordé aux Occidentaux toutes les concessions demandées (libéralisation des changes, révision du code minier, fin du monopole sur le diamant, etc.), Kabila attend la contrepartie promise, c'est-à-dire une assistance économique urgente. D'où l'aide belge.

Mais l'aide belge divise la population.

Certains montrent l'urgence, la pauvreté extrême, l'essoufflement de l'économie. Pour eux, la coopération belge est bienvenue. D'autres sont plus réservés. Pour eux, la Belgique doit rester neutre, ne pas venir en aide au seul gouvernement Kabila contre les autres camps.

L'opposition "démocratique", elle, estime avoir eu gain de cause. Sa lettre au gouvernement belge demandant de ne pas se presser, de ne pas soutenir uniquement Kabila, a dû peser dans la décision finale de Bruxelles.

25 juin 2001 RTBF, Colette Braeckman Le Soir

Paris tacle l'opposition "démocratique"

Le 14 juillet, à Kinshasa, l'ambassadeur de France s'en est pris à l'opposition politique non armée et qui fustige les aides extérieures :

« Les choses doivent être dites clairement. Quand c'est le temps de guerre et que les armées d'occupation se trouvent toujours sur le sol congolais, la priorité est à exiger et obtenir leur départ. En 1940, en France, tous les mouvements étaient derrière le général de Gaule ; c'est quand l'envahisseur fut bouté dehors que le jeu politique a repris ses droits.

« Que certains dénoncent l'aide étrangère sous le fallacieux prétexte qu'elle serait "structurelle", refusent la main tendue, prennent le peuple en otage apparaît, choquant. À ceux-là, je dis : comment voulez-vous, dans un pays, construire l'État de droit auquel vous aspirez si rien ne lui est accordé, si aucune chance ne lui est laissée, si des condamnations de principe doivent l'emporter, si les étapes sont confondues ?

« Le combat de la démocratie, de la justice, de la défense des droits de l'homme est essentiel. Mais avec une crise aussi complexe, aussi inextricable, aussi biaisée et qui atteint le Congo dans son indépendance et sa souveraineté, le peuple, dans son intégrité physique, les problèmes doivent être résolus avec efficacité, et les amalgames défaits pour éviter les blocages ».

15 Juillet 2001 Le Potentiel

La croisade européenne de Verhofstadt

De retour à Bruxelles, le premier ministre belge a participé à une rencontre entre la Commission européenne et le gouvernement belge, qui occupe la présidence tournante de l'Union européenne :

« Je voudrais solliciter votre attention particulière pour le développement d'une action coordonnée -- politique, diplomatique, économique-- dans la région des Grands Lacs où sévit "une guerre continentale".

« Le dossier des Balkans et celui du Proche-Orient sont peut-être plus importants sur le plan politique, mais, en ce qui concerne les drames humains, il n'y a aucune comparaison à faire », a-t-il ensuite expliqué lors d'une conférence de presse. Bruxelles (AFP)

M. Verhofstadt s'est aussi rendu à Paris pour un déjeuner de travail avec le président français Jacques Chirac. Il a estimé que "l'Union européenne ne peut plus continuer à se cacher du conflit des Grands Lacs".

« C'est une tragédie humaine qui est en train de se passer là-bas. On peut s'attendre, dans les semaines qui viennent, avec l'appui de la France, à des initiatives de la présidence européenne dans ce dossier ». Ces initiatives seraient prises en liaison avec le secrétaire général de l'ONU Kofi Annan.

De son côté, M. Chirac s'est déclaré d'accord avec le Premier ministre belge. Paris (AFP)

Kinshasa: huit millions de morts en sursis

Kinshasa est un revenu par habitant parmi les plus bas d'Afrique, une activité industrielle pratiquement stoppée depuis les pillages de 1992, le désengagement complet de l'État dans les domaines de la santé et de l'éducation. Dans cette immense cité qui ne compte que 20.000 emplois salariés, les quelques dizaines de postes ouverts par la Monuc sont accueillis comme une bénédiction.

Depuis des années, sociologues, urbanistes et spécialistes en santé publique se penchent sur cette lancinante question : mais comment font-ils pour survivre ? Pour tenir le coup, un peu seulement, un peu quand même... ? Pour comprendre ce miracle quotidien, il ne faut pas aller bien loin. Si la droite du boulevard du 30 Juin est réservée aux ambassades, aux bâtiments administratifs, à gauche commence la vraie vie, la vraie ville.

Chacun, dès l'aube, est hanté par un seul impératif : chercher l'argent.

C'est-à-dire trouver les quelques billets de 100 francs congolais qui permettront de manger le soir. Comme les étrangers sont (pour l'instant encore) relativement rares et ne circulent que dans le quartier de la Gombe, c'est là que se concentrent les mendiants, les handicapés, les gosses qui assiègent les voitures en criant : *"Maman ! j'ai faim"*.

Ailleurs, puisque tout le monde est également pauvre, les mendiants sont très peu nombreux, et chacun, à sa façon, préfère travailler, se débrouiller.

C'est derrière le marché de Ndjili (mais de bien d'autres aussi...) que se retrouvent les enfants des quartiers de Kingabwa, Masina, Kinsenso et d'ailleurs. Mutaba, 13 ans, qui se fait appeler Ronald Reagan et veut être Premier ministre plus tard, Derby, 12 ans, aîné d'une famille de six, Ornela, 16 ans, la seule fille du groupe, passent ici le plus clair de leur existence. Le jour, ils nettoient le marché, font la vaisselle des petits restaurants, aident les femmes à porter leurs courses, cirent les chaussures. La nuit, ils dorment à même le sol, couchés entre les tréteaux des marchands. Ils se lavent à la rivière et veillent à entretenir soigneusement leurs vêtements, qui sont d'une propreté surprenante.

C'est que ces petits *shégués*, ces enfants de la rue, ne sont pas des marginaux : ils font comme tout le monde ; ils travaillent. *« Mes parents ne pouvaient plus me nourrir, c'est pourquoi je suis parti, mais ils viennent parfois me voir »*, raconte Derby, tandis que son copain Raga assure qu'il s'est sacrifié : *« J'ai décidé de venir travailler ici, pour que mes parents puissent faire étudier mes petits frères »*.

Ces gosses ont un sérieux de travailleurs, une prévoyance d'adultes. Lorsque Pascal, qui leur rend régulièrement visite pour son ONG, propose de leur payer à manger, ils se concertent avant de refuser poliment. Ornela, couverte de démangeaisons, la gale sans doute, explique à pascal: *« Nous préférons que tu nous donnes de l'argent, pour pouvoir nous acheter des médicaments ! »*·

3 juillet Reportage de Colette Braeckman Le Soir

La guerre est terminée s'il y a volonté politique

Parlant le 4 juillet, à l'occasion de leur fête nationale, l'Ambassadeur des États Unis en République démocratique du Congo, M. William Swing, a déclaré que la guerre en RDC "est essentiellement terminée".

Il a ajouté :

" … même si une paix durable reste à établir".

Mais " il y a davantage d'attention internationale envers la crise congolaise que jamais auparavant".

Au-delà de cet engagement de la communauté internationale, William Swing a souligné "un autre élément essentiel dans le processus actuel, mais sur lequel la communauté a peu d'influence".

Il s'agit de "volonté politique de toutes les parties pour construire la paix".

" Pendant longtemps, j'avais considéré le Congo comme un des trois pays les plus cruciaux de l'Afrique, avec l'Afrique du Sud et le Nigeria.

" Cette terrible guerre et sa destruction des vies humaines et des moyens d'existence n'ont pas pu changer ma vision pour le Congo".

6 juillet 2001 Kinshasa (PANA)

"Nous sommes nés ici ... "

"Vice-roi du Congo" est un titre qui lui irait comme un gant. Mais George Forrest, 60 ans, n'en porte encore aucun. L'homme a la réputation d'avoir fait des affaires avec Mobutu et bâti sa fortune avec les barons d'un régime qui a détruit le Congo. Il a, depuis la chute du dictateur, investi 140 millions d'Euros dans les mines du Katanga.

Après le changement de régime à Kinshasa, toute personne qui débarque au Congo comme investisseur potentiel ou comme diplomate reçoit toujours un appel téléphonique de courtoisie de la part de George Forrest. Ce fut le cas des délégations de BHP/ Billiton, le plus grand groupe minier au monde et du géant sud-africain Anglo American. Car Forrest dit qu'il fera tout pour inverser la spirale infernale du déclin du Congo.

Seul l'avenir dira si oui ou non Forrest obtiendra le titre de " Rockefeller du Congo", en référence aux capitalistes et brigands américains Rockefeller, Morgan ou Carnegie qui, au début du 20e siècle, avaient résolument tourné la page sur leurs agissements décriés (Nb notamment en créant des fondations caritatives)[22] ».

Mais, « nous sommes nés et nous vivons ici ! Pourquoi devrions-nous partir ? » dit Forrest. Il est devenu, en plus de ses propres entreprises, président de la Gécamines depuis novembre 1999.

6 Juillet 2001 Erik Bruyland – Trends – Traduction

Au journaliste Erik Bruyland, Forrest précise:

« Nous avons maintenant un gouvernement avec des technocrates. Cette nouvelle génération voit que le pays est par terre et que son relèvement est impossible si les investisseurs sont victimes d'arbitraire et d'illégalité.... Et si nous sommes devenus incontournables, c'est parce que nous sommes les derniers à avoir survécu. D'où une interaction avec les autorités. Car si cela dépendait de la politique et non de la gestion, notre groupe n'aurait jamais eu de si bons résultats. Professionnalisme et gestion d'entreprise sont nos marques de fabrique. Nos cadres avaient été les meilleurs à la Gécamines (GCM).

« À propos de la GCM, je ne la dirige pas ; j'en suis le président du Conseil d'Administration (CA) pour rétablir la confiance avec les investisseurs internationaux. Tous mes propres projets miniers avaient commencé avant ma nomination en 1999. C'est le Comité de gestion qui gère la GCM et lorsque le CA examine les projets Forrest, je quitte la salle. Aucune des entreprises Forrest n'est engagée commercialement dans les projets GCM.

« Autre chose, on avait parlé des incidents (Nb Lititi Mboka), de l'université de Lubumbashi en 1990 et de la réaction disproportionnée des autorités. En fait, il y avait eu un ou deux morts ; pas des dizaines. Ceci montre la manipulation politique de l'incident. Actuellement qu'un rapport de l'ONU indique qu'il y a eu 3 à 4 millions de morts au Congo, on n'en parle pas... »

28 juin 2001 Erik Bruyland Trends

Un otage, son père, et un camion d'occase

Le Suédois Björn Rugsten, 33 ans, vivait au Congo avec femme et enfants. En mai, il était parti négocier la vente de sa flotte de camions à une compagnie forestière thaïlandaise établie en brousse entre Beni et Butembo, près de la frontière ougandaise. Des Maï maï ont surgi et l'ont pris en otage avec 24 Thaïlandais et un Kényan.

Seul le père de Björn s'est inquiété de son sort, hanté par le souvenir d' "un ami enlevé au Chili et resté enfermé huit mois dans une caisse de bois, parce qu'on l'avait oublié". Il s'est fait négociateur. Pendant des semaines, Jan Rugsten a promis beaucoup, et payé peu. *« Je me disais : au moins, s'ils gagnent de l'argent, ils ont intérêt à garder Björn en vie ».* Cette stratégie du désespoir d'un père étonné jusqu'aux Maï maï. *« Personne n'est venu nous voir. Nous avions pourtant réclamé une médiation internationale »,* se plaignit l'un de leurs chefs.

Et, en réalité, ils demandaient peu de choses! Ils espéraient attirer l'attention sur leur région, en proie aux affres conjuguées de la guerre et de l'oubli. Sur ce plan, c'est un échec. Ils attendaient que la compagnie forestière thaïlandaise honore ses engagements et paie ses employés congolais.

Pour prix de la libération de Björn Rugsten, ils ont renoncé à leur première demande de rançon de 1 million de dollars. Ils ont découvert qu'un otage au Congo est un otage au rabais, et ils n'ont demandé et obtenu qu'un camion Volvo d'occasion.

6 Juillet 2001 Le Monde

"Mr Nendaka ! Vous me prenez pour un idiot !"

Nb. Suite à la Commission Lumumba, à Bruxelles.
L'ex-administrateur de la Sûreté, Victor Nendaka, avait déjà été entendu et confronté à huis clos à Jonas Mukamba, ex-commissaire de Mobutu qui avait escorté Lumumba au Katanga. Il avait souhaité poursuivre la confrontation en séance publique, mais Mukamba n'a pas voulu.

Ensuite, un véritable dialogue de sourds a opposé pendant des heures les députés belges et Victor Nendaka, au sujet de l'ordre de transférer le 17 janvier 1961 Patrice Lumumba vers Élisabethville.

Selon un document écrit le 16 janvier 1961 par André Lahaye, ancien agent de la Sûreté coloniale, Nendaka partait à Thysville (Mbanza-Ngungu), où était détenu Lumumba, afin d'arranger le transfert de prisonniers. Des mouvements de sympathie à l'égard de Lumumba commençaient à prendre de l'ampleur à Thysville, raison pour laquelle les autorités prirent la décision de le transférer.

Mais pour Victor Nendaka, il y a ensuite eu un contre-ordre sur les modalités du transfert. *«Dans un premier temps, il avait été convenu de transférer les prisonniers à Bakwanga »*, explique-t-il. *«Pour le transfert, j'ai reçu une lettre du président Joseph Kasavubu datée du 14 janvier »*.

Le président de la Commission Geert Versnick s'est alors écrié:
«M. Nendaka ! Vous me prenez pour un idiot ! Ce n'est pas crédible ce que vous essayez de nous faire gober ici !»

« *Ce que vous racontez ne tient pas debout. J'ai l'impression que vous en savez plus que ce que vous dites ; vous donnez l'impression d'être un petit exécutant, or nous avons des informations qui montrent que vous aviez l'ordre de Kasavubu pour organiser cela* ».

Nendaka répondit : «*Je n'ai pas intérêt à mentir. Les livres qui vous servent d'appui ce sont des romans, c'est de la désinformation, il faut que vous fassiez une relecture. Pendant 40 ans, on a fait courir des informations pour me faire porter le chapeau ...M. le président, on dirait qu'il y a un certain préjugé à mon encontre, je n'étais ni président ni ministre ...*»

Geert Versnick renchérit : «*vous étiez chef de la Sûreté et vous ne saviez pas qui avait changé l'ordre initial de transfert. Qu'est-ce que vous faisiez ? Vous jouiez aux cartes ou quoi?* »

Il ajouta :
« *Je ne crois rien du tout de ce que vous nous racontez. Ce n'est pas crédible M. Nendaka, n'insultez pas notre intelligence, vous êtes un homme intelligent et vous jouez au petit fou qui ne sait rien, vous faites semblant que vous étiez le concierge de la Sûreté* ».

Le député Ferdy Willems tenta de relancer les débats sur la piste américaine, en demandant à Nendaka quels étaient ses contacts avec la CIA.

«*Demandez à la CIA, vous y êtes certainement mieux introduit que moi* » répondit Nendaka.

7 Juillet 2001 Libre Belgique et Belga

88

Bemba attend que le vent tourne

Le 30 juin, pour la célébration de la fête de l'indépendance, tout Gbadolite a été invitée à défiler une bonne heure devant un Jean-Pierre Bemba, l'œil absent, ses cadres et même deux hommes d'affaires israéliens.

Des "mamans" transportant de gigantesques poissons, des enfants de l'école des Petits Poussins, des cadres de l'administration des impôts, sautillants, ventres au vent !

Le soir, tout le monde a suivi à la télévision, les uns avec rage, les autres avec nostalgie, la fête de l'indépendance, à Kinshasa.

Personne n'avait le moral. Le silence des vastes rues toujours vides de Gbadolite venait rappeler à chacun, que l'ex Zaïre est en miettes et que le Maréchal n'est plus.

Du palais de Mobutu, pillé successivement par les armées rwandaise, tchadienne, soudanaise et par les Congolais eux-mêmes, il ne reste plus que les murs et les toits. Les vastes résidences qui bordent l'avenue Mobutu Sese Seko sont des coquilles vides.

Autour des luxueux pavillons de l'hôtel Nzekele, les pelouses se transforment en jardins potagers. *« Comme nous ne sommes pas payés, il faut bien nous débrouiller »,* souligne Jean-Pierre, un ancien journaliste devenu récemment chef du personnel de l'armée de Jean-Pierre Bemba, et qui plante énergiquement des oignons.

Assis dans un fauteuil en cuir, dans la résidence pillée de son père, le richissime homme d'affaires Bemba Saolona, Jean-Pierre Bemba reconnaît que son mouvement traverse un passage à vide. *«Tous les politiciens, n'est-ce pas, connaissent des vents contraires ! »* remarque-t-il. *« Les vents changent. Il s'agit donc d'être patient. Si Kinshasa a aujourd'hui le vent en poupe, il n'en sera pas toujours de même»*, dit-il avec élan. *«La mise en place d'un régime d'ordre monarchique à Kinshasa est inacceptable!»,* s'emporte Jean-Pierre Bemba.

Cependant, l'option d'une reprise des combats lui est devenue de plus en plus difficile à prendre. L'accession au pouvoir de Joseph Kabila a permis le déploiement d'environ 3 000 observateurs des Nations unies chargés de contrôler le respect du cessez-le-feu. Sur le plan diplomatique, on ne parle plus que du futur dialogue inter-congolais dont les bases seront posées à Gaborone, au Botswana, sous l'égide de l'ex-président Ketumile Masire.

En attendant une hypothétique issue négociée, Jean-Pierre Bemba est condamné à administrer les quelques 800 000 km carrés de territoires conquis par l'armée ougandaise. Une tâche difficile. Ses hommes, privés de l'espoir de butin que leur aurait apporté une victoire militaire sur Mbandaka et Kinshasa, se retournent de plus en plus contre la population. Dans le Nord-est, la présence de mouvements politiques clientélistes et de groupes de résistants Maï Maï, ont conduit à des combats à Beni et à Butembo.

7 Juillet 2001 RFI actualités

Logique bantoue et des exécutants belges

Nb. Poursuite de la Commission Lumumba.

« Demande accord du Juif pour recevoir Satan». Quand Armand Verdickt, à l'époque, chef du bureau de renseignement à l'état-major de la gendarmerie katangaise, reçoit cet appel du lieutenant-colonel Louis Marlière, conseiller de Mobutu, il y reconnaît les codes convenus entre Belges.

«Satan», c'est Lumumba, l'extrémiste, responsable de massacres innommables.

«Le Juif», c'est Moïse Tshombé, chef du Katanga sécessionniste, qu'on juge quelque peu vénal.

L'enjeu, c'est le transfert du premier vers les terres du second, qui fait aussi l'objet d'un autre message, traduisant les vœux du collège des commissaires généraux qui exerçait le pouvoir à Léopoldville.

À l'arrivée des prisonniers à Élisabethville, Verdickt déclare au ministre katangais de l'Intérieur Godefroid Munongo : *« c'est un problème !»*

Mais Munongo était un «dur», selon de nombreux témoins.

«Munongo m'a interrompu et il m'a dit d'une manière très catégorique : "ce soir, tout sera terminé"

« J'ai compris que c'était la condamnation de Lumumba».

Par la suite, Verdickt recueillera les confidences de Frans Verscheure, commissaire de police, sur l'exécution et la disparition des corps.

Jacques Bartelous était directeur de cabinet de Tshombe, détaché par le gouvernement belge.

Il campe Tshombe sous les traits d'un homme que son autorité en déclin a rendu impuissant face aux événements, et incapable de refuser "un cadeau fatal à l'indépendance katangaise".

Cette réalité est ignorée à Bruxelles, d'où le télégramme du ministre d' Aspremont Lynden demandant d'accepter le transfert de Lumumba.

Pour Bartelous, Lumumba était condamné de toute manière par «la logique bantoue».

Mais il aurait préféré que les choses se fassent à Bakwanga (Nb Mbuji Mayi) où les hommes de Lumumba s'étaient rendus coupables de «crimes contre l'humanité».

Les officiers et le commissaire de police belges présents à l'assassinat?

«Ils étaient des exécutants et ils devaient obéir aux ordres des autorités katangaises. C'est le même problème qu'au procès de Nuremberg».

Plus tard, Bartelous ira faire part de son indignation à Tshombé, il lui trouvera «l'attitude d'un enfant pris en faute».

Et Bartelous conseilla qu'on garde le secret le plus longtemps possible «pour limiter la casse»...

10 Juillet 2001 Paul Vaute Libre Belgique

Adieu la villa présidentielle

Le "domaine des Miguettes", somptueuse propriété de feu Mobutu Sese Seko, située à Savigny, près de Lausanne, est en vente aux enchères. La propriété, qui s'étend sur 6 hectares, est composée de deux bâtiments, entourés d'un grand parc, avec une villa de maître qui compte 13 chambres à coucher, 4 cuisines, 1 réfectoire, 5 salles d'eau, 1 salon de 100 mètres carrés, une salle à manger de même surface, plusieurs halls de réception, des bureaux et des salons. Le produit de la vente sera placé sur un compte bloqué et s'ajoutera aux 6 millions de FS que Mobutu avait placés dans des banques suisses et qui sont bloqués dans le cadre de la procédure d'entraide judiciaire pour que la RDC les récupère.
12 Juillet 2001 Savigny(Suisse) AFP

Les acheteurs se sont avidement disputé le lit du défunt président, adjugé 8.000 FS, l'une de ses cannes, vendue 2.000 FS, six bouteilles de Petrus, millésimes 1973 et 1979, acquises 800 FS la pièce, ou encore deux médailles offertes par l'ancien dictateur roumain Nicolae Ceausescu : 400 FS.

Le FMI et le Parlement européen avaient évalué à 4 milliards de dollars la fortune amassée en Suisse par l'homme à l'inamovible toque de léopard. Mais le gros du pactole a filé sous des cieux plus cléments : aucun autre pays n'ayant ordonné le gel des avoirs de l'ex-dictateur.

26 juillet Domitille Hazard   Le Monde

Justice universelle: la Belgique recule

La multiplication des plaintes déposées en Belgique contre des dirigeants étrangers, dont le Premier ministre israélien Ariel Sharon ou le président ivoirien Laurent Gbagbo, met dans l'embarras le gouvernement belge.

Un groupe réfléchit à une révision de la «compétence universelle ». *«L'idée n'est pas de revenir sur le principe essentiel de la loi, à savoir la compétence universelle des tribunaux belges, mais de lui apporter des aménagements afin de garantir une immunité temporaire aux dirigeants étrangers : chef d'État, Premier ministre, voire ministre, en activité ...Pour donner une marge de manœuvre à la diplomatie belge ».*

La plainte contre Ariel Sharon, perçue comme une attaque directe par la communauté juive, a soulevé un débat interne à la Belgique et créé quelque remous sur la scène internationale. À tel point que le ministre belge des Affaires étrangères a déclaré à Ariel Sharon que la Belgique allait modifier sa loi...

Le juriste, et plaignant, Michael Verhaeghe a vivement contesté cette réflexion, objectant que «c'est au Parlement qu'il appartient de modifier la loi». Il a ajouté que «s'il doit y avoir une modification, celle-ci ne serait pas rétroactive».

Donc, les responsables des massacres de Sabra et Chatila resteraient sous le coup de la loi telle qu'elle a été votée en 1999.

13 Juillet2001 La Libre Belgique et RFI actualité

520 km et 6 semaines : à pied et sans des fillettes

Les soldats ougandais ont commencé à se retirer du Nord-Est du Congo.

Un voyage à pied de 520 kilomètres en 6 semaines.

Les supérieurs les auraient mis en garde contre la cohabitation avec des filles congolaises mineures, sous peine d'arrestation et de jugement.

En effet, des parents congolais auraient offert leurs filles, certaines âgées de seulement 13 ans, aux soldats ougandais qui retournent dans leur pays.

16 juillet 2001 All Africa **et** AP Photo

Meurtrière chasse aux sorciers

Tout le monde croit en la sorcellerie dans la région d'Aru, au Nord Est. Elle peut guérir. Elle peut également tuer. La mort d'un enfant, celle d'une femme en couche ou d'un homme encore jeune est généralement perçue comme le résultat d'une vengeance. On soupçonne la magie.

Jusqu'ici, les habitants d'Aru vivaient avec cette peur au ventre. Puis soudainement, l'équilibre social s'est brisé. À l'instigation de quelques jeunes gens et de chefs coutumiers, une chasse aux sorciers a été organisée.

«Nous avons demandé à la population d'identifier les sorciers. Une fois ces derniers reconnus, nous avons exigé qu'ils nous montrent leurs instruments de magie et qu'ils dénoncent les autres sorciers. Puis la foule les a lynchés», dit un chef coutumier.

Plus de 900 présumés sorciers ont été tués en trois semaines, dont *«certains qui n'avaient pas 6 ans ; dès 5 ans, les enfants peuvent être sorciers. Non pas tellement d'eux-mêmes. Mais ils sont manipulés»*. Pour éviter d'être découpés à la machette, des présumés sorciers se seraient suicidés.

La population semble confondre les règlements de comptes et les conséquences de la guerre avec des actes individuels de magie.

En trouvant refuge dans l'irrationnel et dans la violence, les habitants d'Aru gardent probablement l'espoir d'une vie meilleure.

13 juillet 2001 RFI actualité

Un Harmel direct et un Kibwe doux

Nb. Suite de la Commission Lumumba à Bruxelles.

« Avait-on parlé, entre ministres belges, de l'élimination physique de Lumumba?».

La réponse de Pierre Harmel, est directe: *«Je m'en serais souvenu! Et cela m'aurait paru énorme et inconvenant. Les Eyskens, d'Aspremont Lynden, Wigny, je les avais assez fréquentés pour ne pas penser un seul instant qu'une idée pareille aurait pu leur venir à l'esprit! Ce n'était pas dans nos mœurs, et ce ne l'est toujours pas. Il reste que Lumumba n'était moralement accrédité nulle part, sauf en Union soviétique…»*

Ministre des finances du gouvernement katangais, Jean-Baptiste Kibwe, à la narration plus douce, assure qu'il n'était au courant de rien:

«Tout s'est fait entre les deux présidents (Tshombé le katangais et Kasavubu le congolais). Aujourd'hui encore, je me demande qui a pris la décision de l'exécution. Et je ne comprends toujours pas l'attitude de Moïse, d'avoir parlé avec Kasavubu et d'avoir accepté l'arrivée de Lumumba. Je suppose qu'on lui avait promis quelque chose de très alléchant. La reconnaissance du Katanga? Si c'est ça, ça n'a pas marché.»

Qui ? Les Belges?

«L'opération n'a pu être directement inspirée par la Belgique. Des Belges y ont peut-être été intéressés. Mais "la Belgique", c'est trop», dit Kibwe.

17 Juillet La Libre Belgique

Jean-Baptiste Kibwe raconte sa journée du 17 janvier 1961.

« J'étais occupé à essayer des jeeps lorsque Munongo est venu m'avertir qu'il avait été chargé de réceptionner trois colis ». (Nb Joseph Okito, Maurice Mpolo et Patrice Lumumba). Ensuite, il s'est rendu à l'aéroport où il a vu débarquer les trois prisonniers, rapidement emmenés à la maison Brouwez. *« Ils semblaient très fatigués et étaient attachés les mains dans le dos... Ensuite, je me suis senti alors malheureux en comprenant que Lumumba allait mourir. Je suis rentré chez moi où j'ai reçu un coup de téléphone m'enjoignant de me présenter à 20 heures à la présidence. Nous n'étions que cinq ministres sur quinze au rendez-vous, en plus de Moïse Tshombe : Munongo, Kimba, Kitenge, Muhona et moi-même. Il y avait un convoi de jeeps avec les prisonniers à bord. Tshombe nous a dit qu'on allait les emmener pour les exécuter... On les a placés devant une fosse, puis un policier les a tués un par un. C'était terminé vers 22 heures...*

« Nous étions jeunes et inexpérimentés. J'étais convaincu que nous ne pouvions plus rien changer à la décision. Tout s'est sans doute joué entre Kasavubu et Moïse Tshombe. Il devait y avoir une diplomatie secrète entre les deux hommes, malgré la sécession du Katanga. Je suppose que l'on a promis quelque chose d'alléchant à Tshombe pour qu'il accepte de « recevoir » Lumumba, comme la reconnaissance de l'indépendance du Katanga... »

20 Juillet 2001 Le Soir.

Le vicomte, le chevalier et le cul de l'autruche

Nb. À la Commission Lumumba, à Bruxelles.

Étienne Davignon, jeune stagiaire diplomate, avait pour mission de "réconcilier Élisabethville et Léopoldville". *« Nous n'étions pas partisans de la sécession katangaise. Dans mes conversations avec les leaders congolais, je disais que pour revenir à des relations normales avec la Belgique, ce sera plus facile si Lumumba n'est pas 1er ministre».*

Pas question pour autant de voir dans les ex-colonisés *«des marionnettes manipulées par des gens extérieurs»*. Les Belges n'ont pas décidé l'arrestation de Lumumba et pas davantage de son sort ultérieur. Lui-même et l'ambassadeur Carlier ignoraient toujours cette tragédie le 5 février, près de trois semaines après, quand ils arrivent en mission à E'ville: *«Nous l'apprenons en débarquant d'avion.»* S'ils avaient su, ou si leur hiérarchie avait su, ce déplacement n'aurait pas eu lieu.

De son côté, Jacques Brassine confirme que la Belgique n'a jamais eu l'intention de reconnaître le gouvernement d'Élisabethville. *«Je peux vous donner un sentiment qui est horrible. À la limite, ce n'était pas notre problème. Je sais bien que rétrospectivement, c'est horrible. »* Ce qui vaut cet échange avec le président de la commission :
*- Au fond, vous avez fait la politique de l'autruche?
- Pire encore. L'autruche, on voit encore son derrière qui est au-dessus.»*

Paul Vaute La Libre Belgique

Des avocats qui rédigent un projet de loi

Le cabinet d'avocats Emery Mukendi, a remis officiellement le projet du code minier au ministre des Mines, en présence du ministre des Finances, des hydrocarbures et de la Banque centrale.

Le ministre des Mines a indiqué que la désignation du cabinet Mukendi a été faite dans le respect strict des principes d'adjudication des marchés publics, en présence des experts de la Banque mondiale.
Il a relevé que le projet du code minier a été voulu incitatif et attractif, en vue de l'adapter à la législation minière actuelle, aux réalités de la nouvelle politique minière et aux exigences de l'industrie minière internationale. M. Simon Tuma Waku a pris l'engagement de soumettre le projet du code minier au Conseil des ministres, avant qu'il ne soit déposé au Parlement de transition.

14 Juillet 2001 Kinshasa ACP

Au mois de mai, la Banque Mondiale avait organisé une rencontre entre des représentants du gouvernement, de la société civile, des experts fiscaux, des consultants internationaux ainsi que des entreprises minières locales et internationales pour examiner le projet du code minier élaboré par les cabinets Duncan & Allen et Mukendi Wafwana.   En juillet, Duncan & Allen a remis au ministre des Mines une nouvelle version du projet modifiée selon les recommandations exprimées en mai.

15 août 2001 Mining Weekly Traduction

Avoir six ans, à Kongolo

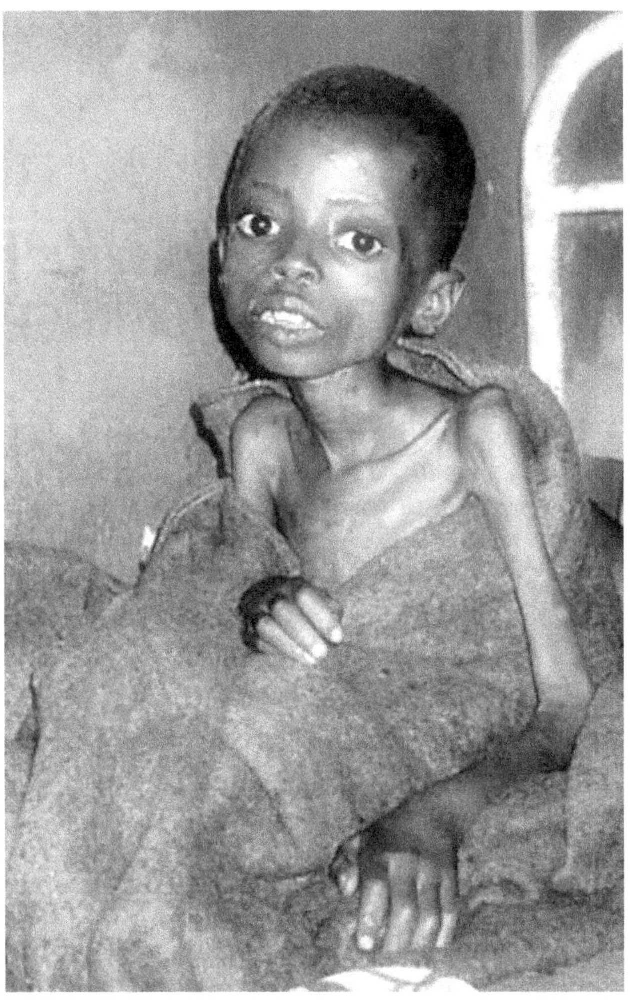

Abdul Ismail, 6 ans,
atteint de malnutrition grave.

juillet 2001 Matthew Green/Reuters

« Vous pouvez être optimiste !» entend-on désormais à la descente de l'avion à Kongolo.

« Auparavant, tout le monde se serait enfui dans la brousse. Mais maintenant, nous survivons un peu mieux et les gens coopèrent ».

Mais dans les maisons et les boutiques de Kongolo cet espoir est modéré par l'héritage de la faim et de la mort semées par les combats, et la certitude que la reconstruction de l'économie coûtera plusieurs années de sueurs.

À l'hôpital, des enfants qui ont passé des mois en brousse occupant des lits métalliques. Ils ont des yeux exorbités et des têtes plus grosses que leurs poitrines. On sent les odeurs de la nourriture que l'ONU a commencé à amener par avion. *« Cette aide nous apporte un peu d'espoir en l'avenir. Mais pour le reste, Dieu seul le sait…»*

Les Rwandais avaient dit qu'ils se retireraient, mais ils patrouillent encore avec leurs alliés congolais, portant des mitrailleuses et des uniformes neufs. Pour les habitants de Kongolo, qui ont la même opinion que les habitants de l'Est du Congo, occupé par les rebelles, ainsi que le confirme aussi Amnesty International. « Ces rebelles sont des marionnettes du Rwanda et leur principale activité est de tuer et de voler les populations. Ce sont des assassins. Si nous voulons la paix, ils doivent retourner chez eux ».

18 Juillet 2001 Kongolo (Reuters) - Traduction

Dieu serait aux côtés des Interhamwes

Les Interhamwe hutus rwandais récemment capturés par l'armée rwandaise ont mis en lumière un aspect religieux jusqu'alors méconnu de la lutte des "abasengezis" (infiltrés en langue kinyarwanda) : leur combat "pour Jésus-Christ".

"Nous sommes l'armée du Christ ; Jésus est le chef des armées", affirme le colonel Bemera Gotson, "chef d'état-major" des rebelles. *"Nous prions beaucoup ; chaque action doit être bénie, on doit implorer et éprouver la puissance de Dieu, on doit donner l'honneur et la gloire au seigneur. Chaque unité a son aumônier militaire religieux, et un aumônier général figure bien évidemment parmi les membres de l'état-major".*

Ces références permanentes "à Dieu, à la mobilisation divine, aux miracles..." évoquent pour partie les guérilleros ougandais de "l'Armée de résistance du Seigneur" (LRA) de Joseph Kony. Mais il n'y a pas de syncrétisme. Aucun des témoignages de prisonniers ne fait référence à une religion traditionnelle ou à des croyances préchrétiennes.

"Personne n'est exclu ; on a parmi nous des catholiques et des protestants, surtout des adventistes, mais nous sommes centrés sur Jésus, nous sommes d'abord chrétiens. Et puis dans ces conditions de survie extrêmement difficiles, Dieu est le seul refuge", confesse-t-il, reconnaissant que *"la foi est un facteur d'ordre et de discipline".*

Juillet 2001 Kigali (AFP)

Les Belges à la cité, les opposants y interdits !

Pour la première fois de l'histoire, l'ambassade de Belgique a choisi de célébrer la fête nationale belge en pleine cité de Kinshasa, à l'Espace Mutombo Buitshi dans la commune de Bandalungwa.

Le choix d'une cité kinoise entre dans la nouvelle orientation du gouvernement belge de s'approcher d'avantage de la population congolaise.

Pour l'ambassadeur Nijskens : « si les Congolais sont toujours venus à la maison belge pour la fête du 21 juillet, pourquoi ne pas penser cette fois à aller vers eux pour approfondir nos relations ?»

22 juillet 2001

* * *

Mais trois jours plus tard, des policiers en armes ont vigoureusement dispersé des manifestants de l'opposition venus assister à une conférence de presse que devaient tenir, à Kinshasa, Étienne Tshisekedi, Joseph Olenghankoy et Catherine Nzuzi-Wa-Mbombo.

Les leaders de l'opposition ont dû se réfugier dans les bureaux du curé alors que des policiers tentaient de contenir les militants qui voulaient entrer de force dans la salle paroissiale, en scandant des chansons hostiles au régime Kabila.

24 juillet 2001, Kinshasa (AFP)

Kamina et Kabongo "lez Kinshasa"

Kamina, à 5 nœuds et Kabongo à 25 nœuds, sont des îles perdues au milieu du fleuve Congo, en face de Kinshasa. La nuit, les pêcheurs se déplacent en prenant pour repères les lumières de Kinshasa et de Brazzaville. Ils n'ont ni écoles, ni centre médical, ni électricité. Le seul travail est la pêche avec des filets; la pirogue est leur seul moyen de locomotion.

« *On change de chef d'État, mais cela n'a rien changé pour nous. Nous avons toujours faim, nous souffrons de maladies. Le gouvernement ne se montre pas. Ici, nous sommes indépendants. Personne ne nous aide. Tout ce que nous faisons, nous le faisons nous-mêmes* ».
Ce cas est répandu en RDC. Les agences humanitaires estiment que plus de la moitié de Congolais vivent avec 20 cents par jour.

25 juillet 2001 AP Photo/Saurabh Das

Notre réacteur nucléaire a vieilli

C'est un immeuble aux abords d'une des villes les plus désorganisées au monde.

L'endroit est menacé par une érosion, il y a des coupures fréquentes d'électricité et le vieux tableau de contrôle ressemble à un décor de cinéma, le jardin, à un dépotoir.

Ici, des scientifiques congolais veillent sur le plus ancien réacteur nucléaire d'Afrique. Monseigneur Luc Gillon, prêtre et physicien nucléaire, avait fait installer TRIGA-Mark I, suivi depuis 1972 par TRIGA-Mark II.

C'est un petit réacteur capable de produire 1% de l'énergie d'une centrale. Il n'y a pas assez d'uranium pour fabriquer des armes.

Mais un accident pourrait répandre de la radioactivité sur une bonne partie du campus universitaire ou empoisonner l'adduction d'eau de la ville.

Mais les scientifiques n'ont pas l'intention d'arrêter leurs travaux. Ils créent des isotopes radioactifs et recherchent des utilisations de l'atome dans l'agriculture et les mines.

Ils pensent pouvoir tourner encore 10 à 15 ans.

27 juillet 2001 Kinshasa (AP) Traduction

*Kanyinda, technicien en chef, surveille l'eau
remplissant le réacteur Triga-Mark II.*

27 juillet 2001 AP Photo/Saurabh Das

François Lumumba libère ; le RCD exclut

François Lumumba, le fils aîné de l'ancien Premier ministre congolais a fait libérer 16 Thaïlandais et un Kenyan, qui avaient été pris en otage avec huit autres étrangers. Il avait passé six jours à négocier avec les ravisseurs Maï-Maï.

Ceux-ci accusaient les étrangers, qui travaillaient pour une entreprise de camionnage, d'exploiter les ressources naturelles congolaises. Les Maï-Maï ont indiqué qu'ils avaient accepté de libérer les otages parce que le père de Lumumba (Patrice) était un authentique nationaliste et que le jeune Lumumba est leur "père".

30   juillet 2001 KIGALI, Rwanda (AP)

De leur côté, les rebelles du Rassemblement congolais pour la démocratie (RCD, soutenu par le Rwanda) ont exclu vendredi 17 membres fondateurs de leur mouvement pour "trahison politique".
Il s'agit de :

1. Balikwisha Jim,   2. Bugera Déo,
3. Depelchin Jacques,   4. Endundo Bononge José
5. Kalala Shambuyi,   6. Kalenga Bahekwa
7. Kambale Bahekwa,   8. Lumbala Roger
9. Lunda Bululu,   10. Mbusa Nyamwisi
11. Ngangura Etienne,   12. Mme Nyangi Oda
13. Sesanga Epungu,   14. Siwako Poley,
    15. Thambwe Mwamba Alexis,
    16. Wamba dia Wamba Ernest
    17. Z'Ahidi Ngoma Arthur.

GOMA, 27 juillet 2001 (AFP) et OBSAC

" Je connais mon visage..."

L'Assemblée constituante et législative-Parlement de Transition (ACL-PT) a demandé au gouvernement de décider, sans délai, l'affichage de l'effigie officielle du chef de l'État congolais, le général-major Joseph Kabila, dans tous les édifices publics. Après avoir constaté que la volonté du général-major Kabila tend à combattre le culte de personnalité, l'ACL-PT a rejeté cette question.

Le général-major Joseph Kabila, qui combat le culte de la personnalité, avait obligé le gouverneur intérimaire de Kinshasa, Christophe Muzungu, à rembourser en 24 heures au Trésor Public près de 3 millions de Francs dépensés dans l'organisation d'une marche de soutien au chef de l'État.

Kinshasa, RD Congo (PANA)

Jeune Afrique a interviewé Kabila :

JA. Nulle part ou presque on ne voit en ville d'affiches vous représentant. Et vous n'avez toujours pas fait réaliser de portrait officiel. Pourquoi cette discrétion ?

JK. Je connais mon visage! Cela ne m'intéresse pas d'en avoir le reflet ailleurs que sur mon miroir[23].

30 Juillet 2001 Jeune Afrique

Congo, le plus grand consommateur de manioc

Environ 5.000 ménages dans les provinces du Bandundu, du Bas-Congo, du Katanga et de Kinshasa recevront 1.250.000 boutures saines de manioc et 1.000.000 de patate douce, dans le cadre d'un projet FAO appuyé par la France.

Le manioc est l'aliment de base et la RDC en est le plus grand consommateur au monde avec environ 400 kg de tubercules par personne et par an. Ses feuilles, communément appelées "pondu", constituent le légume le plus consommé dans le pays et sont une source importante de vitamines et de minéraux. Le manioc est également une source de revenus pour les petits producteurs.

Depuis 1997, la situation générale de cette plante est devenue alarmante, la production ayant sensiblement baissé, essentiellement à la suite d'une recrudescence des maladies, notamment la mosaïque et la bactériose du manioc. La virulence avec laquelle la mosaïque détruit la plante fait penser à de nouvelles souches de virus.

Outre les maladies, un insecte attaque les parties souterraines du manioc dans les zones forestières, empêchant la formation des racines tubéreuses. Autre phénomène nouveau : l'épaississement de la bouture initiale qui empêche la formation des tubercules. La dégénérescence des variétés de manioc cultivées par les paysans et le non-respect de bonnes pratiques culturales sont à l'origine de cette situation.

30 Juillet 2001 Kinshasa (PANA)

La première émeute sous JK

Un policier et un "shégué" (enfant de la rue) sont morts à Kinshasa, à la suite d'un affrontement entre les deux groupes.

Tout aurait commencé près du grand marché, où un policier venait d'abattre, d'une balle, un shégué qui tentait de voler et de s'échapper en aspergeant d'eau bouillante un autre policier qui voulait l'arrêter.

La riposte de ses "camarades" fut immédiate et virulente : ils ont encerclé et battu à mort l'agent qui avait tiré sur le shégué. Pris de panique, les commerçants ont abandonné leurs marchandises aux pillards.

La police a mis une heure et demie pour maîtriser la situation. Le marché est resté fermé l'après-midi de l'incident. Près de 78 shégués ont été arrêtés.

Ils sont près de 755.000 à Kinshasa. Ces enfants de rue du centre-ville provoquent régulièrement des désordres en menant des "opérations de survie" et toutes sortes de larcins auprès des marchands qu'ils ont pris l'habitude d'intimider et de terroriser.

Il y a quelques mois ces enfants perdus avaient déjà réussi à paralyser le marché central à la suite d'incidents semblables au cours desquels un des téméraires délinquants qui s'était risqué à s'en prendre aux agents de l'ordre avait été abattu.

16 Août 2001 OBSAC NewYorkTimes AFP MMC

Shégués: l'autopsie d'une émeute

Longtemps tolérée, sinon entretenue, la délinquance personnifiée par les shégués du Marché Central de Kinshasa, a fini par écumer sa dangerosité et exhaler son parfum de nuisance. Pouvoirs publics, opinion publique, milieux religieux et services d'ordre, d' habitude sévères envers la dépravation des mœurs dans la ville, se complaisaient à côtoyer et à caresser les shégués.

Objet de dîners copieux, de cadeaux de fin de l'année et d'éloges dans les chansons le shégué, ce marginal sans formation quelconque, sans foi ni morale, friand de larcins et de la drogue, est devenu une célébrité, une vedette adulée, sinon une référence négative à suivre et même à poursuivre !

Mais au-delà de toutes ces plaintes justifiées contre les marginaux, le phénomène shégué pose problème. Non seulement il interpelle toute la population, mais dans l'état actuel des choses, il requiert des solutions urgentes, efficaces et durables. Sa complexité n'autorise pas qu'on laisse aux shégués seuls l'initiative de trouver des remèdes à leurs maux - un malade ne se guérit jamais.

Imaginons un peu qu'ils deviennent majoritaires au sein de la population, ils gagneraient les élections et accéderaient au pouvoir... C'est un autre danger qui se profile à l'horizon.

On doit vite organiser les États généraux de la jeunesse délinquante. N'attendons pas demain ; il sera trop tard !

Le Phare

Pillage : l'enquête-bis

Le rapport explosif sur le pillage à grande échelle des ressources naturelles du Congo avait surtout mis l'accent sur l'exploitation systématique de l'or, des diamants, du bois précieux, du café, de l'ivoire, et de minerais comme le coltan, à laquelle se livrent les armées du Rwanda et de l'Ouganda.

Le premier rapport, de 150 pages, avait été "chambré" par les Nations unies elles-mêmes, et des passages impliquant trop directement les pays occidentaux (Belgique, Canada, États Unis,...) destinataires finals des ressources minières, furent expurgés.

Mais la version brève du document, forte d'une cinquantaine de pages, suscita elle aussi l'indignation du Rwanda et de l'Ouganda qui, avec l'appui de leurs protecteurs américain et britannique, obtinrent que le Conseil de sécurité nomme une nouvelle équipe d'enquêteurs et poursuive ses investigations. Le président ougandais a même déclaré qu'il avait envisagé de poursuivre en diffamation le secrétaire général des Nations unies, Kofi Annan.

Le nouveau Panel est composé de six experts indépendants dirigés par l'Égyptien Mahmoud Kassem. Ce deuxième volet de l'enquête sera consacré aux accords léonins conclus par Kinshasa avec ses alliés. Il devrait rééquilibrer le 1e rapport et atténuer le blâme moral qui pèse sur les pays agresseurs.

20 aout 2001 Colette Braeckman Le Soir

Des comploteurs contre le Père et le Fils

L'Association Africaine des Droits de l'Homme (ASADHO) annonce que la Cour d'Ordre Militaire pourrait ouvrir à Likasi un procès contre 66 militaires et 14 civils, tous détenus à la prison de Buluo et poursuivis pour "complot" et "tentative d'assassinat" de Laurent Désiré Kabila.

Parmi les 80 personnes figurent un ancien ambassadeur et 11 officiers supérieurs qui se croient victimes de purges à la tête de l'armée. 17 autres personnes sont des jeunes soldats "kadogo" originaires du Kivu qui sont accusés d'avoir été recrutés par le commandant Masasu pour exécuter un coup d'État contre le Président L.D. Kabila.

Un troisième groupe est constitué des officiers des anciennes FAZ (Forces armées zaïroises) et des civils proches d'eux, en majorité originaires de la province de l'Équateur, qui avaient été arrêtés en avril 2001 sous la charge d'une tentative de coup d'État contre le président Joseph Kabila.

L'Asadho est informée qu'il n'existe pas de dossiers d'accusation contre la plupart des accusés, notamment les 51 militaires et civils originaires de l'Équateur. Le président de la Cour d'Ordre Militaire a informé que les juges se référeront aux procès-verbaux des services de sécurité déposés au parquet et que d'autres éléments de preuve seront constitués "pendant le procès".

23 août 2001 LePhare

Ah, Voisin!

Les souris de ta chaumière
Tu viens les piéger dans ma villa
Ta toiture qui suinte à volonté
Tu prétends la colmater chez moi
Quand tu frappes tes gosses
Tu cries vite à l'assassin
Quand tu voles mes biens
Tu accuses Stanley et Livingstone
Quelle leçon veux-tu me donner
À moi Dieu a tout donné
Onze femmes en provinces
Qui se jalousent souvent
Six cents gosses en parlers
Qui se querellent parfois
Mais jamais du sang
Mais jamais du feu
Moi le géant au grand cœur
Quand tu errais sans toit
Je t'ai logé et nourri
Mes femmes ont allaité tes gosses
Devenus grands ils les ont violées
Je t'ai ouvert grands mes bras
Ignorant que les tiens sont des machettes
Quelle leçon veux-tu me donner
Nzambe-Mungu m'a tout donné
Tu n'as que deux ou trois gosses
Et tous les jours toutes les nuits
Tribunal de guerre rivière de sang
Ton vil jeu est à présent connu
De Popokabaka jusqu'à l'Onu
Quand ta bouche crache du lait
Tes mains barbouillent du sang

Sur mon grand baobab de Boma
Je t'ai offert une branche
Sciemment tu me l'as sciée
Dans ma vaste concession de Goma
Je t'ai apprêté une natte
Arrogamment tu me l'as souillée
Mouches et hyènes partout te suivent
Les gorilles de Kaozi te fuient,
les okapis d'Epulu te craignent
Et les éléphants de Bodio te maudissent
Quelle leçon veux-tu me donner
N'Kombé-Imana m'a tout donné
Mais tout a une fin
Le crapaud l'apprit à ses dépens
Lui qui ne voyait qu'avec sa panse
Et tu penses vraiment m'avaler
Ou me faire à jamais ton valet?
J'ai eu la force de supporter tes coups
J'en aurai autant pour te tordre le cou
C'est alors que tu crieras de vrai
Que tu pleureras en vain
Toi qui as toujours raison
De causer du tort
Ah, Voisin!

© **Charles Djungu-Simba K**
pour J.Saverio Naigiziki, écrivain rwandais,
Je connais un pays, Huy, Editions du Pangolin 2003

23 août 2001 Forum /Congovision.com

Les premiers "dialogueurs" inter-congolais

*Quett Ketumile Joni Masire,
ancien président du Botswana, (1980 à 1998)
a été le "médiateur neutre"
des fameux "accords de Sun City"
qui ont mis fin à la guerre par l'engagement que la
conquête du pouvoir se ferait désormais
par les urnes
et non plus par le recours aux armes*

Les premiers délégués aux assises du « dialogue » :

Délégués gouvernement : She Okitundu, Philomène Omatuku, Katumba Mwanke, Marie-Ange Lukiana Mufwankolo, Ntumba Luaba, Vital Kamerhe, Colonel Didier Etumba, Samba Kaputo, Musimwa Bisharhwa, Balanda Mikwin, Nkuba Akili Mali, Paul Makela, Vangu Mambweni.

Délégués Mlc : JP Bemba, Olivier Kamitatu, V. de Paul Lunda Bululu, Valentin Senga, Thambwe Mwamba, François Endundu Bononge, Justin Katigundu, Delphin Etula, Me Musoko Yuma, Imana Ingulu.

Délégués Rcd/Goma: Alphonse Onusumba, Azarias Ruberwa, Joseph Mudumbi, JP Ondekane, Kalombo Ilunga, Bizima Karaha, Banza Mukalay, Slatilo Ngizo, Seningilaa Kuyeha, Thomas Nziratimana.

Délégués Rcd/Ml : Tibasima Atenyi, Ujanga Mayele

Délégués Rcd/Wamba : Ernest Wamba dia Wamba, Joseph Eneko Ngu'waza.

Délégués opposition politique : François Lumumba (MNC/L) ; Godéfroid Mayobo (Palu); Valentin Mubake (UDPS); Boboliko (PDSC); Nzuzi Wa Mbombo (MPR fait privé); Joseph Olengankoy (FONUS), Justin Bomboko (Pionniers de l'indépendance), Diomi Ndongala (FSD); Raymond Tshibanda (collectif de l'opposition plurielle démocratique); Kisimba Ngoy (UNAFEC/CPF); Arthur Z'Ahidi Ngoma (ROC); Venant Tshipasa (DCF); Sesanga (ROM); Lutundula (MSDD).

Délégués Forces Vives : Bukavu (Chiralwira Nkunzim - wami) ; Maniema (Tabezi Pene Magu), Kisangani (Firmin Libote Yangambi), Ituri (Jean Marie Amuli); Nord Kivu (Abbé Muholongu Malumalu), Kasaï occidental (Bakatupidia Tshiyoyo), Katanga (Mwanakibulu Ngoy Nkuso), Kasai oriental (Biaya Ndaya Kazadi), Equateur (Mobando Yogo), Bandundu (Delma Mbo), Bas-Congo (Dinzolele Nzambi).

25 août 2001 La Référence Plus

Récits d'atrocités à Manono

Wakibawa Kyakudju avait fui Manono et la guerre. Elle est revenue avec Kibwe, son enfant de 4 ans.
« En brousse, nous mangions des fruits sauvages et nous dormions en dessous des arbres. Les soldats avaient violé des femmes. Ils avaient aussi tué beaucoup de gens. Je suis revenue totalement nue ; je n'avais même pas de sous-vêtements ».

Elle soulève la chemise de Kibwe et montre sa poitrine squelettique: *«Nous avons vraiment souffert ».*

Raphael Katunda, un prêtre catholique dit que *« dans cette guerre, rien n'est sacré et personne n'est neutre. La population est considérée comme ennemie. On peut se demander qui fait la guerre, et pour qui ... Un chef coutumier a été accusé de collaborer avec les rebelles. Il a été tué ; on lui a coupé la main qu'on a ensuite promenée, attachée à une corde, afin que tout le monde voie cela ».*

Toutes ces horreurs étaient restées cachées pendant les trois années de conflit. C'est l'action humanitaire et l'arrivée dans la région de 2000 observateurs de l'ONU, qui permettent aux victimes de la plus grande guerre de s'exprimer.

Mais les agences humanitaires ont un autre problème : l'argent. Pour nourrir 1,3 millions de victimes, il faudrait 112 millions de dollars, mais elles n'ont reçu que 37, essentiellement des États-Unis. *« Une goutte dans l'océan ».*

24 août 2001 San Francisco Chronicle Traduction

Coltan: la guerre secrète de Manono

Il y a quelques bonnes raisons de faire la guerre à Manono. Il y a l'enjeu stratégique de contrôler cette partie du Congo et son symbole d'être le lieu de naissance de L.D. Kabila. Mais les affrontements entre les troupes d'invasion rwandaises et le contingent de l'armée zimbabwéenne a sans doute un lien avec un grand trou noir aux abords de la ville. Et les téléphones portables.

À première vue, le trou ne semble contenir que de la boue, mais les gens y cherchent un métal noir : le coltan. Ce minerai aurait financé la plus grande guerre d'Afrique et continue à entretenir le conflit.
Un des patrons de Manono s'appelle Hassan. Il surveille la mine et attend que les creuseurs en sortent épuisés et lui présentent la récolte du jour. Pour lui *« le coltan n'est pas une malédiction, c'est une bénédiction. Maintenant nous les Congolais nous pouvons nous faire de l'argent après que les Belges et Mobutu avaient fait fortune »*. Mais personne ne sait d'où vient Hassan ; il parle bien anglais et il pourrait être Ougandais ou Rwandais. Mais il prétend qu'il est congolais et qu'il a appris l'anglais lorsqu'il travaillait en Zambie.

Le coltan de guerre connaît des restrictions auprès des transporteurs et des firmes d'électroniques comme Nokia et Motorola. De plus, les prix ont baissé. Mais même à 130 dollars le kilo, le 8è du prix habituel, le minerai est encore une aubaine pour les pauvres congolais de Manono.

27 août 2001 Chris Mc Grael   The Age Guardian Traduction

Le coltan est radioactif : il "malforme" des bébés

Le coltan (une abréviation de colombo-tantalite) est devenu le produit le plus précieux des exportations d'Afrique depuis son utilisation dans les téléphones portables et la Play Station de Sony.

Mais le métal a des effets mortels sur les paysans qui manipulent pioches et pelles pour l'extraire des sols volcaniques de la RDC. Le pays hébergerait plus que la moitié des réserves mondiales.

Des rapports indiquent que depuis l'exploitation du coltan, le Nord Kivu a subi une hausse de plus de 50% d'avortements et des malformations congénitales caractéristiques d'irradiations.

Les médecins pensent que cela provient de la présence d'uranium dans le sol.

« Ceux qui creusent le coltan ramènent des concentrés de minerais dans leurs lits. Ils en respirent la poussière qui recouvre aussi leurs aliments ».

Ce lien entre exploitation du coltan et empoisonnement par irradiation est illustré dans le documentaire *« La vraie guerre du téléphone mobile »*.

Quelques compagnies impliquées dans le commerce du coltan ont minimisé les dangers. « Ce n'est pas comparable avec de l'amiante ». Mais les géologues pensent qu'il y a une forte probabilité que les creuseurs de minerais sont exposés aux radiations lors des opérations de tamisage.

3 Sept 2001 Tom Walker and Juliana Ruhfus Sunday Times Traduction

Les chefs coutumiers : des négriers

L'ONU réunit à Durban sa 3e conférence contre le racisme. En effet, le crime contre l'humanité ne désigne pas le seul génocide, mais toute une catégorie de crimes qui ont pour point commun de reposer sur la négation de l'humanité des victimes. La traite des Noirs peut difficilement être exclue de la définition. Elle a abouti à la déportation de plus de 10 millions d'hommes, femmes et enfants. Beaucoup de ces déportés mouraient pendant leur transport par bateau. Les chaleurs, les maladies et la dureté du travail en tuaient une autre partie aux colonies, épreuves auxquelles s'ajoutaient des punitions d'une extrême cruauté.

Le « code noir », promulgué sous Louis XIV, définit l'esclave non pas comme un homme, mais comme un meuble. Ainsi la plus grande déportation de l'histoire de l'humanité reposait officiellement sur la négation de toute humanité chez les déportés.

De plus, au moment de l'abolition, on ne discuta compensation que pour les propriétaires d'esclaves. Autrement dit, on se soucia d'indemniser non les victimes, mais les bourreaux !

Mais les Occidentaux ne sauraient se retrouver seuls au banc des accusés. La traite négrière fut aussi le fait de régimes arabes. Et si les esclaves étaient achetés par les Blancs sur les côtes d'Afrique, c'est qu'ils étaient vendus...

Par qui ? Par des chefs africains, qui en ont tiré grand profit.

30 août 2001 Laurent Joffrin Nouvel Observateur

" J'aime trop l'Afrique pour lui mentir"

Le Belge Louis Michel est descendu dans la fosse aux lions, acceptant l'invitation des ONG européennes présentes.

Avant de détailler les mesures concrètes, sur le plan législatif entre autres, prises en Belgique pour lutter contre le racisme, le vice-Premier ministre est revenu sur ses propos antérieurs concernant le rôle de la société civile.

Après cette première salve, Louis Michel a lui-même été attaqué : évoquant le Congo de Léopold II, un intervenant a demandé si la Belgique d'aujourd'hui se sentait responsable de ce crime contre l'humanité.

Louis Michel a répondu au lance-flammes. Sans se prononcer sur le fond de l'accusation, il a reconnu que le colonialisme était loin de correspondre aux principes d'humanisme défendus aujourd'hui, mais que la Belgique avait déjà assumé ses conséquences, sur le plan politique, moral, financier.

Mais surtout, se présentant comme un ami de l'Afrique – il a déclaré : *J'aime trop l'Afrique pour lui mentir .-*, Louis Michel a plaidé pour que les Africains assument eux aussi leur part de responsabilité dans les fautes, les manquements du présent. *Tout ne doit pas être attribué aux autres, au passé... Je ne suis pas ici pour être complaisant...*

4 septembre 2001 Le Soir

Déjà, le calvaire des femmes du Kivu

Au Kivu, un million de personnes ont été déplacées par la guerre. Nombreuses sont les femmes, les « mamans », qui sont devenues les véritables chefs de famille. Leurs maris, frères, parents étant morts ou disparus, au chômage, ou sont impayés.

Toutes les « mamans » rivalisent d'ingéniosité et de courage pour subvenir aux besoins de leur famille. Elles font du commerce de ville en ville, se font arnaquer. L'une dit : « Moi j'ai été violée trois fois, mais que faire ? »

Nombreuses sont aussi celles qui sont devenues des portefaix et qu'on voit, vieillies avant l'âge, décharnées, ployer sous le poids de près de 50 kilos de sable, de manioc ou de haricots…pour un prix de misère.

Malgré tous ces efforts, la situation alimentaire des familles est catastrophique « la malnutrition est cause de 42 % des malades hospitalisés ».

En désespoir de cause, mères et filles se prostituent. Même les très jeunes filles, souvent encouragées par leurs mères, s'offrent après les heures de classe.

Souvent les enfants eux-mêmes doivent se débrouiller seuls. Ils deviennent enfants-soldats et terrorisent les populations, en ville comme à la campagne.

3 septembre 2001 Syfia Rdc

En route pour Tshofa

Loin du pouvoir central, le Kasaï oriental est une région particulièrement abandonnée.

Le bassin de la Lomani - peuplé de 300.000 personnes et situé entre les villes de Lubao, Kabinda et Tshofa est sans ressources depuis près de 30 ans suite au déclin de l'exploitation du coton et du palmier.

4 septembre 2001 RTBF

Ce Bassin est totalement enclavé. Rien ne rentre et rien de sort, l'économie est moribonde. Tout est autosubsistance et troc.

De plus, la région est en zone RCD et on ne peut y accéder que par Kigali. Puis par route jusque Goma. De Goma à Lubao, en Antonov 32, prévu pour quatre tonnes, chargé à sept. À Lubao, négociations des moyens de transport. Test des motos louées.

Les quelques efforts qui ont été faits pour créer un embryon de système de santé ont été complètement détruits par la guerre civile et les pillages.

Le système de santé fonctionne actuellement à moins de 1% de ses capacités d'avant la guerre. La situation sanitaire et médicale est catastrophique.

Il n'y a plus ni médecins, ni médicaments, ni matériel. Il ne reste que quelques infirmiers et agents de santé et des locaux à l'abandon.

Une équipe de "Médecins du Monde - Belgique" s'est donc rendue dans la région.

Elle va évaluer les possibilités de relance des structures sanitaires composées d'un hôpital, d'une maternité et de treize postes de santé périphériques.

4 septembre 2001 RTBF

Code minier: le dernier mot donné aux Sudafs

Après la réunion organisée à Kinshasa par la Banque Mondiale avec le gouvernement et des experts et acteurs du secteur minier, le ministre congolais des mines et hydrocarbures Simon Bawanganyo Tumawaku est venu en Afrique du Sud. Il a invité les compagnies minières sud-africaines telles que Anglo American, BHP Billiton, Iscor et American Mineral Fields[24] à examiner le projet de code minier de la RDC avant qu'il ne le présente en conseil des ministres.

Auparavant Joseph Kabila lui-même s'était adressé, à Midrand, aux hommes d'affaires sud-africains pour leur parler du code minier et de l'importance qu'il y attachait en raison de l'abondance des ressources minières qui offrent les meilleures chances d'attirer des investisseurs étrangers.

Le gouvernement sud-africain a immédiatement réagi à l'appel de Kabila en organisant une mission commerciale qui se rendra au Congo.

À noter que la production du cuivre est tombée de 442.828 tonnes en 1989 à seulement 30.000 tonnes ; la production de l'or est passée de 2.000 à 112 Kilos. Cette liste noire continue avec d'autres matières premières : cobalt, café, bois, ciment.

4 Septembre 2001 Terence Creamer Engineering News Traduction

50 têtes tranchées, 4000 candidats

Un décret a mis fin aux fonctions des membres des conseils d'administration et des comités de gestion dans la plupart d'entreprises publiques.

Selon le ministre délégué à la Présidence, Augustin Katumba Mwanke, les candidats PDG devaient notamment justifier une expérience d'au moins 5 ans dans le domaine de son choix, rédiger une déclaration d'un plan d'action, les demandeurs de postes n'ont cessé d'affluer.

4.000 dossiers de candidatures ont été déposés.

Mais rapidement, on a appris les ravages d'une bande d'escrocs qui ont dépouillé les candidats mandataires publics. Le chef de bande Chiringwi Bada alias Patrick, 23 ans, célibataire, sans profession, se réclamait de la famille présidentielle.

À certains candidats-mandataires publics, Chiringwi imposait le paiement de 100 dollars par jour pour les démarches à la Présidence et au Conseil supérieur du Portefeuille.

Cette affaire dévoile une grande escroquerie. On ignore ce que les victimes ont payé réellement.

Pour ne pas paraître ridicules, nombreux ont préféré ne pas porter plainte.

5 septembre 2001 Le Palmares

Un Grec, candidat tueur de Lumumba.

La commission parlementaire belge sur la mort de Lumumba, a recueilli la déposition-choc de Paul Heureux venu de lui-même pour témoigner. En 1960, ce jeune officier avait rejoint la gendarmerie katangaise, puis le colonel Marlière, basé à Brazzaville, pour les transmissions.

« Un jour, j'ai reçu un appel de Bruxelles. Une voix qui m'était familière, mais que je n'arrivais pas à identifier m'a expliqué que j'allais recevoir un colis et une grosse enveloppe, que je devrais transmettre à quelqu'un, et que je pouvais rappeler deux numéros à Bruxelles. Quand je demande qui je devrai demander, mon interlocuteur me répond : « Monsieur Gérard ». Il s'agissait de Jo Gérard, et le second numéro était celui d'« Europe Magazine », pour lequel il travaillait. Le lendemain, on m'a bel et bien apporté un colis volumineux et une grosse enveloppe. Dans le colis, il y avait une mitraillette STEN, et dans l'enveloppe, deux millions de francs. Je rappelle Jo Gérard qui me dit d'aller porter le colis et 200.000 Francs à un certain Georges, un Grec, au bar "Pam Pam".

Le reste de la somme, Georges devait le recevoir « quand le travail serait exécuté ». J'ai évidemment montré cela à mon chef, le colonel Marlière, qui a demandé s'il devait remettre cela à Mobutu ».

Après avoir pris des informations, Marlière dit à Heureux de se rendre comme prévu au "Pam Pam".

« Je me rends donc à ce bar, et je tombe sur un Grec qui aurait pu être le frère d'Onassis.

Il me dit : « Venez près de moi, je ne suis pas dangereux, enfin, pas pour tout le monde... » Lorsque je lui demande qui sera l'objet de son travail, il me répond qu'il s'agit de Lumumba, et qu'ensuite, il retraversera le fleuve et touchera le reste de l'argent. Je confirme : il m'a bien dit que sa mission était de tuer Lumumba. Je n'ai plus jamais eu de nouvelles de Georges. Peut-être a-t-il revendu la mitraillette avant de s'enfuir avec les 200.000 Francs ? Peut-être a-t-il fini au fond du fleuve ? Le reste de la somme a probablement dû être conservé par André Lahaye, qui faisait office de trésorier occulte... J'ai gardé une vraie rancœur après cette histoire. J'étais officier, et j'ai jugé dégradant de devoir aller porter une arme à un tueur à gages ».

L'engagement d'un tueur appelé Georges avait déjà été évoqué dans le rapport intermédiaire de la commission, sur base notamment de documents de la Sûreté. Mais le témoignage de Paul Heureux apporte de nombreuses précisions. Selon Jo Gérard, il s'agit de bobards : *« j'ai passé dix jours au Congo en juillet 60 pour installer Radio Makala, qui devait brouiller des émissions de propagande, mais je n'ai jamais participé à l'assassinat de Lumumba. J'appose un démenti formel aux propos de ce Mr Heureux que je ne connais pas. J'envisage une action en justice».*   5 septembre 2001 Le Soir

Lumumba: complot ou improvisation?

Face à face à la commission d'enquête parlementaire de deux experts aussi antagonistes qu'il est possible de l'être.

Jacques Brassine, auteur d'une thèse de doctorat était aussi témoin sinon acteur de premier plan à Élisabethville. Ludo De Witte, sociologue, chercheur indépendant, est celui par lequel le scandale est arrivé puisque c'est son livre qui fut à l'origine de la commission d'enquête. Alors que De Witte démontre pourquoi, et comment, avant l'Indépendance déjà, la Belgique entendait tout faire pour empêcher Lumumba d'accéder au pouvoir, puis pour l'écarter, Jacques Brassinne a longuement développé les raisons qui ont poussé des Belges à s'engager aux côtés de la sécession katangaise : *nous soutenions moins la sécession que l'idée d'une confédération, pensant que, dans le chaos ambiant, nous pouvions tenter de sauver le Congo au départ du Katanga.* Pour lui, ces fonctionnaires, ces militaires, ces conseillers engagés au Katanga ne sont pas, ainsi que l'affirmera De Witte, la courroie de transmission de Bruxelles, mais des individus qui savent déjà, en janvier 1961, que la sécession est virtuellement condamnée. Pour Brassinne, lorsque Lumumba arrive à l'aéroport, c'est l'improvisation totale qui prévaut : *Tshombé assiste à une conférence sur le réarmement moral, les Belges sont surpris et c'est Godefroid Munongo qui, forçant la main de Tshombe, prend la situation en main, et conduit les prisonniers à la maison Brouwez.*

C'est là que les ministres katangais, et surtout les plus durs d'entre eux (Kimba, Kibwe, Kitenge, Munongo), rendent visite aux trois prisonniers (Lumumba, M'Polo et Okito) et contribuent à leurs tortures. Mais Ludo De Witte soutient que les captifs avaient été torturés à mort, en présence d'officiers belges et que l'exécution, tard dans la nuit, ne fut qu'un simulacre pour dédouaner les Belges.

Pour Brassinne les omniprésents conseillers politiques et militaires belges n'étaient au courant de rien. Mais pour Ludo De Witte, en accordant précipitamment l'indépendance au Congo, la Belgique entendait garder les postes de commande et la victoire électorale de Patrice Lumumba, contre des éléments considérés comme plus pro-Belges, fut une surprise.

C'est à ce moment-là que tout fut mis en œuvre pour affaiblir, sinon écarter le Premier ministre. Sa dénonciation de l'establishment belge est implacable : pour lui, les trois pôles du pouvoir dans la Belgique de l'époque (le gouvernement, l'Union minière et le Palais, c'est-à-dire Baudouin et son père, *les deux rois)* s'étaient juré d'écarter Lumumba, avec le concours, dit-il, de *forces d'extrême droite qui opéraient dans la Belgique de l'après-guerre, sans oublier la CIA.*

Au sein de la commission aussi, des clivages idéologiques perdurent et rendront bien difficile l'élaboration d'une synthèse... [25]

19 Septembre Colette Braeckman   Le Soir

Pillages de '91', ce fut un véritable deuil national

Il y a 10 ans, sur fond de tension sociale, de crise économique et de querelles politiques, une tempête s'est abattue sur Kinshasa avec les pillages les plus intenses de l'histoire. Militaires et civils affamés mirent à plat toutes les infrastructures de production. Plusieurs entreprises furent touchées et les pertes évaluées à plusieurs centaines des millions de dollars américains.

Président des entrepreneurs du pays au moment des faits, M. Jeannot Bemba Saolona, a qualifié ces soubresauts de la transition politique «zaïroise» de « véritable deuil national». Dix ans après, il se dit encore sous le choc de cette autodestruction : hommes d'affaires, ruinés, chômage de près de cent mille salariés, fuite des investisseurs. À l'époque, l'association patronale Aneza (Nb FEC) avait suggéré l'élaboration d'un plan d'urgence de réhabilitation des infrastructures détruites. Malheureusement, le contexte n'a pas favorisé le rétablissement de la confiance ; de leur côté, les politiciens n'ont pas tiré des leçons pour se comporter en conséquence.

Bemba Saolona soutient que c'est la pauvreté généralisée, le désordre, l'intolérance et la cupidité des opérateurs politiques notamment qui ont occasionné ces pillages et d'autres qui ont suivi (en 1993). De même, actuellement, la classe politique congolaise, se caractérise à la veille du Dialogue intercongolais, par les querelles politiciennes, les coups bas et diverses manœuvres de repositionnement pour le partage du pouvoir.

26 Septembre 2001 Le Potentiel

Golden Misabiko et l' "odeur de la mort"

Le gouvernement a libéré des prisonniers. Ils ont révélé ce qu'on a toujours soupçonné avec crainte : les prisons kinoises connaissent la torture et le meurtre. « J'ai été battu avec des bâtons et on m'a fouetté à mort dit Golden Misabiko, quelques jours après sa libération. « Mon dos avait des zébrures ensanglantées ».

Misabiko qui est un activiste des droits humains au sein de l'ASADHO raconte comment il a uriné du sang pendant les 15 jours de sa détention au bâtiment du Groupe Litho Moboti (GLM), un centre de détention situé en face de la résidence de Joseph Kabila.

« Je n'ai pas envie de citer des noms, mais je sais que des gens ont été tués. Ces gens ont été gravement torturés, et je le sais, parce que je l'ai été aussi. On pouvait sentir l'odeur de la mort ».

Les activistes des droits humains avaient été arrêtés après avoir révélé l'assassinat au Katanga d'Anselme Masasu Nindanga. Tout en savourant sa liberté, Golden Misabiko pense que le gouvernement congolais devrait tout au moins écouter les critiques venant de l'intérieur et de l'extérieur du pays concernant les droits humains et essayer de se corriger. Sinon, il continuera à dénoncer.

« J'ai fait ce que Dieu a voulu que je fasse : dénoncer les violations des droits humains et établir un état où ces droits seront respectés », dit-il[26].

22 Septembre BBC news Traduction

La triste et dure vie des "kadogos "

*15 septembre 2001 : des enfants soldats
en opération dans une rue de Kinshasa.*

AP Photo/Blaise Musau

29 anciens enfants soldats sont jugés et risquent la mort pour une tentative d'assassinat contre lui. 41 autres croupissent dans les prisons de Kinshasa pour avoir participé au complot qui aurait finalement réussi en le blessant mortellement dans son bureau.

Ces « kadogos », ou enfants-soldats avaient à peine 11 ans lorsque Kabila les avait recrutés, certains, 20, et la plupart, entre 14 et 15 ans.

Un kadogo, maintenant âgé de 26 ans raconte. « Nous chantions " règlement, gloire et pouvoir, c'est tout ce que nous cherchons". Mais nous étions de simples chiots du roi, et nous en étions fiers. Cela n'avait pas duré pendant. Près de 30.000 enfants soldats avaient intégré l'armée de Kabila. Tous mes amis le faisaient ; alors, je l'avais fait aussi. C'était excitant. La plupart exécutaient de petites tâches comme le portage, la cuisine ou l'aide aux officiers supérieurs. D'autres prirent des armes et participèrent aux combats. Ce n'était pas une vie facile. Kabila avaient une telle réputation de méchanceté que les parents menaçaient leurs enfants indisciplinés: « je te livrerai à Kabila ».

Lorsqu'un enfant soldat dit à Kabila que son père venait de mourir, il le gronda parce qu'il avait gardé des liens avec sa famille et donna l'ordre qu'ils soient battus. Je ne peux oublier les tortures que nous avons tous subies dans un immeuble près du fleuve. Je vois encore du sang, j'entends les cris des gens qui étaient battus. Je me demande encore si je suis normal. »

24 Septembre Arnaud Zajtman (AP) traduction

Cinq ans d'occupation armée rwandaise

Septembre 1996 - Septembre 2001: depuis cinq ans, l'armée rwandaise est en guerre dans le Kivu, région jadis florissante, à son tour happée par les tragédies de l'Afrique des Grands lacs où les morts s'estiment en centaines de milliers et les "déplacés" se comptent par millions.

Aujourd'hui, le Kivu est ruiné. Sa population est livrée à d'impitoyables bandes armées qui pillent, violent, assassinent sur fonds de conflit régional entre le régime de Kinshasa et ses voisins orientaux, Ouganda, Rwanda et Burundi. Depuis 1996, le Rwanda a successivement soutenu la rébellion de L.D. Kabila contre Mobutu, puis le régime de Kabila, et ensuite, depuis 1998, une nouvelle rébellion contre Kinshasa, le Rassemblement congolais pour la démocratie (RCD).

Avec le processus de paix en cours depuis l'arrivée au pouvoir à Kinshasa en janvier 2001 du général-major Joseph Kabila, la question du retrait rwandais est revenue au premier plan, mais Kigali demande toujours le désarmement des miliciens. Cependant, les régimes successifs à Kinshasa ont rejeté avec autant de constance l'argument sécuritaire rwandais et ont souvent accusé Kigali de vouloir annexer le Kivu. Pour le pouvoir actuel, le Rwanda mène une "guerre de pillage" en RDC. Un rapport d'experts des Nations unies a aussi dénoncé le pillage des ressources naturelles de l'ex-Zaïre par les belligérants du conflit en cours.

24 Septembre 2001 Michel Cariou (AFP)

On se préparait à d'autres choses...

À la maison. Une semaine auparavant, j'avais promis aux ados de les amener au sommet des Tours Jumelles, tellement hautes que parfois les nuages masquaient la vue de New York, là, tout en bas.

Au sommet de l'une d'elles, j'avais pris le repas le plus cher de ma vie : un assortiment d'œufs de poissons colorés du Pacifique à 100 dollars. On arrêta les frais. Et en compagnie d'avocats new-yorkais, on était redescendu se régaler au Chinatown voisin.

Marcel Yabili

Aux États-Unis. Ted Koppel producteur de la célèbre émission de télévision « Nightline » de la chaîne américaine ABC News était descendu au Congo pour réaliser le premier reportage sur la guerre civile qui se poursuit depuis trois ans. Titre de la série télévisée : « A cœur des ténèbres », emprunté à Joseph Conrad. Tout un programme :

« Comment deux millions et demi de gens peuvent mourir sans que nous l'ayons remarqué ? Bien plus que les 20.000 morts au Kosovo... 2.500 personnes meurent chaque jour au Congo ».

Cette émission-choc était programmée pour la soirée du 11 septembre 2001.

7 sept 2001 T.Bettag ABC News Washington Post D. Bauder AP photo,

Brusquement, l'Histoire s'inscrit …

En 1985, je décide de commander aux USA une antenne parabolique : 9 mètres de diamètre, 10.000 dollars américains. Suivent des échanges de documentation : l'antenne devant pointer vers le ciel, comment assurer l'évacuation des eaux de pluie ? Réponse : c'est un grillage. Mais il faut s'assurer le type de programmes qui pourraient être captés. Il faut que je fournisse les coordonnées géographiques exactes de notre habitation.
Je contacte l'Institut Géographique National où je suis accueilli avec suspicion. « Pourquoi faire ? ». Et de conclure : « On ne peut pas vous vous les fournir, c'est un secret d'État ». Quand on pense qu'on se localise maintenant au moyen du GPS d'un smartphone… J'avais renoncé au projet
Huit ans plus tard, on a pu acquérir pour le tiers du prix une parabole de 3 mètres, une merveille doublement motorisée et pilotée par un décodeur Drake qui pointait les satellites choisis et pouvait en suivre les dérives.

Cette après-midi-là, les ados m'appellent après l'école : « Rentre vite ! CNN montre quelque chose d'étrange qui se passe à New York !». On ne quitte plus le plan fixe de l'écran télé qui montre un nuage de fumée sortant du flanc de l'une des tours jumelles. Puis le feu prend l'autre tour. Le temps de se frotter les yeux, la première, puis la seconde tour s'écroulent verticalement, au ralenti.

C'est ainsi qu'on a été des témoins de l'Histoire…

Le mardi 11 septembre 2001, deux avions détournés ont été dirigés contre les tours jumelles du World Trade Center à Manhattan, New York, qui ont pris feu avant de s'écrouler et de faire des milliers de morts. Véritable symbole de la puissance économique américaine, les tours jumelles, hautes de 417 et 415 mètres, étaient les plus hauts bâtiments de New York et dominaient l'île de Manhattan depuis 1973.

Chaque tour comptait 110 étages où travaillaient 50.000 personnes. Reliés directement au métro, les gratte-ciel ne comprenaient pas d'habitations privées, mais un musée souterrain et des restaurants fréquentés par près de 90.000 visiteurs par jour.

Conçue pour résister théoriquement à l'impact d'un Boeing 707 et à des vents de 240 km/h, chaque tour était composée d'une structure d'acier lestée de béton et d'une façade en aluminium composée de 6.400 fenêtres. Lors de la construction, plus de 200.000 tonnes d'acier et 413.000 m3 de béton furent engloutis dans la structure.

Le World Trade Center avait déjà été la cible d'un attentat au camion piégé le 26 février 1993 qui avait fait six morts et plus d'un millier de blessés.

New York (AP)

Malentendus et mauvaise foi

C'est le premier attentat suicide. Désormais tout passager d'avion sera suspecté et fouillé.

George Bush avait réagi en chef de guerre et a réduit les attentats à une attaque contre l'Amérique et lancé une « croisade ». Mais sur le moment, et dans les semaines qui suivent, les terroristes ont déclaré se venger sur Israël. Ce qui a été manifesté. À Naplouse et à Jérusalem, des centaines de Palestiniens ont accueilli dans la liesse les attentats. « J'ai l'impression d'être dans un rêve. Je n'avais jamais cru qu'un jour les États-Unis pourraient être amenés à payer le prix de leur soutien à Israël ». Au Caire, les attentats ont été applaudis par de nombreux Égyptiens, mécontents de la politique américaine au Proche-Orient. « C'est bien fait ; les Américains ont oublié que Dieu existe, ils nous prennent à la gorge, et ils se trouvent maintenant dans un scénario de film de science-fiction, mais cette fois, Rambo n'est pas là pour sauver la Maison-Blanche ».

Naplouse (Reuters) Le Caire (AFP)-

Après avoir reproché à Bush d'avoir parlé de « croisade » contre le terrorisme, les djihadistes islamistes ont prétendu que l'Islam était le nouveau rempart contre l'impérialisme américain et ils ciblent les chrétiens, qualifiés d'infidèles.

Pourtant ce sont ces mêmes "civilisations chrétiennes" étaient parties en « croisade » pour les musulmans victimes de massacres, culminés à Srebrenica, et fait installer le Tribunal pénal international pour l'ex-Yougoslavie.

Marcel Yabili

" Voir " les millions de victimes

Un pasteur américain de l'État de l'Oklahoma, Robert Robbins, a posé la question : "Cinq mille morts des attentats du 11 septembre. Comment peut-on faire comprendre aux gens ce que cela représente ? La seule façon d'imaginer ce que tous ces morts représentent, c'est de les visualiser". Et le pasteur a réalisé un "cimetière" dans un champ, avec 5 000 croix de bois blanches.

2 octobre 2001 Le Monde

Ceci rappelle le cimetière mémorial qu'un citoyen anonyme avait installé pour les morts de Kisangani. Mais point de cimetière pour les millions de morts évalués dès la troisième année de guerre, en 2001.

Marcel Yabili

Chaque jour : autant qu'un 11 septembre

Par coïncidence, le conflit congolais est survenu au moment où les budgets des télévisions pour les nouvelles internationales avaient été diminués au point de se demander si la presse reflétait le manque d'intérêt du public ou était en train de le causer cette indifférence.

Ted Koppel de ABC News est le premier à débarquer sur les bords du lac Kivu. " Nous n'avons pas de montagnes de cadavres à montrer, mais on meurt en grande quantité au Congo". Et de montrer des enfants malnutris ou une femme violée successivement par 30 personnes.

Septembre 2001 David Bauder AP

Les attentats ont amené ABC News à déprogrammer la série-choc « Au cœur des ténèbres » sur le Congo en guerre. Mais cette annulation profité à l'impact du reportage.

Grâce aux attentats du 11 septembre, ABC News a eu une référence pour illustrer toute la gravité du conflit africain.

À reprise des programmes télé en 2002, Ted Koppel affirmera qu' « un seul jour de victimes du 11 septembre équivalait aux morts causées par chaque jour de guerre au Congo : une hécatombe provoquée par les survivants du génocide rwandais … »

Marcel Yabili

Crédits photos et images

P 77   Tous droits réservés AP ; vente publique à Paris, juin 2001

P 95   Tous droits réservés AP ; retraite troupes ougandais juillet 2001

P 101   © Reuters Gallo Images No 170648 Réf rtrksy8 Matthew Green ; Kongolo juillet 2001

P 105 © Associated Press N° 3393011 Réf: 01072301781 Saurabh Das,

P 107 © Associated Press N° 3393011 Réf 01070801815 Saurabh Das ;   réacteur Triga-Mark II / Kinshasa juillet 2001

P 117   Tous droits réservés ; billet de banque de 2 Pula, Botswana

P 125   Tous droits réservés RTBF ; septembre 2001

P 135   Tous droits réservés AP Blaise Musau ; Kinshasa juillet 2001

P 140 et 141 © Reuters Gallo Images No 170648 Réf RTRMKAS Ray Stubblebine , 11 septembre 2001

P 143 Tous droits réservés Le Monde ; cimetière Oklahoma, Octobre 2001

P 143 Tous droits réservés, source inconnue, cimetière, Kisangani

Bibliographie

Autres ouvrages d'encouragement
à la lecture de livres :

Vraiment : Congo, une tribu ! par Yaya Asani

Mediaspaul RD Congo 1è édition ISBN 979-10-94969-00-7
Mediaspaul RD Congo 2è édition ISBN 979-10-94969-09-0
CreateSpace France ISBN 979-10-94969-08-3
Ebook - Epub (audiolivre inclus) ISBN : 978-2-37162-430-6
Ebook - Mobi/ kindle (audiolivre inclus) ISBN : 978-2-37162-431-3
Audiolivre - CD MP3 ISBN : 979-10-94969-01-4

Je crois en droit par Marcel Yabili
Ed Bahû-Bab 240 pages ISBN 979-10-94969-02-1
Ebook - Epub ISBN : 978-2-37162-428-3
Ebook - Mobi/kindle ISBN : 978-2-37162-429-0

Notes

1 Extraits de Le Soir 21 décembre 2000– Colette Braeckman « Congo Plongée dans un pays en guerre (3) «Pourquoi sommes-nous abandonnés du monde?»
http://archives.lesoir.be/congo-plongee-dans-un-pays-en-guerre-3-pourquoi-sommes-_t-20001221-Z0K221.html

2 La paroisse Notre Dame du R.P. Carlos a pour devise : IMPAVIDUM FERIENT RUINAE, GRATIS ET HILARITER ! *« Dans d' énormes difficultés, travaillons toujours dans la joie ! »*

3 La législation sur les jours fériés de 2014 consacre le 16 janvier comme « Journée du Héros National Laurent Désiré KABILA »

4 La mort de L.D. Kabila est commémorée tous les 16 janvier, sans la moindre explication de l'annonce officielle de 2001.

5 Chronologie des évènements par Le Soir, in Rapport Journalistes en danger (JED) *Qui a tué L.D. Kabila ? Quand et comment ? Le droit du public à l'information.*
http://www.congonline.com/Jed/Rapports/2001/Rapport-Deces-LDK-03052001_04.htm

6 Il a été investi quatre fois successivement : 2001, 2003, 2006 et 2011.

7 Richard Cornwell, du South Africa's Institute for Security Studies.

8   http://repositories.lib.utexas.edu/bitstream/handle/2152/4124/3241.pdf?sequence=1

9   http://archives.lesoir.be/congojoseph-kabila-se-devoile-au-soir-la-guerre-la-demo_t-20010307-Z0QP6K.html

[10] Le Panel sur le pillage a œuvré de 2000 à 2003 et cédé le dossier aux Congolais qui s'en sont approprié pour un temps par la Commission Lutundula. Mais sans lendemain.

[11] L'article 56 de la Constitution du 18 février 2006 définit que « tout acte, tout accord, toute convention, tout arrangement ou tout autre fait, qui a pour conséquence de priver la nation, les personnes physiques ou morales de tout ou partie de leurs propres moyens d'existence tirés de leurs ressources ou de leurs richesses naturelles, sans préjudice des dispositions internationales sur les crimes économiques, est érigé en *infraction de pillage* punie par la loi ». « Ces actes... sont punis comme infraction de haute trahison » *(Art 57)*.

[12] Le Conseil de sécurité n'a fait que rappeler Le Pacte international de 1976 relatif aux droits civils et politiques qui proclament « le droit de souveraineté permanente des peuples et des nations sur leurs richesses et leurs ressources naturelles doit s'exercer dans l'intérêt du développement national et du bien-être de la population de l'État intéressé ». Ce que l'article 9 de la Constitution de 2006 affirmera : « l'État exerce une *souveraineté permanente* notamment sur le sol, le sous-sol, les eaux et les forêts, sur les espaces aérien, fluvial, lacustre et maritime congolais ainsi que sur la mer territoriale congolaise et sur le plateau continental ».

[13] Le Panel était composé de Mme Safiatou Ba-N'Daw (Côte d'Ivoire) (Présidente); M. François Ekoko (Cameroun); M. Mel Holt (États-Unis d'Amérique); M. Henri Maire (Suisse); M. Moustapha Tall (Sénégal)

[14] M. Mahmoud Kassem a repris la tête du Panel. Mme Safiatou Ba-N'Daw a pris les fonctions de directeur au sein du Programme des Nations Unies pour le développement (PNUD).

---

[15] Extrait de *Le cargo de la honte – l'effroyable odyssée du Probo Koala* – Bernard Dussol et Charlotte Nithart - Stock 2010.

[16] Extrait du Rapport du Groupe d'experts sur l'exploitation illégale des ressources naturelles et autres richesses de la République démocratique du Congo (Document S/2001/357 distribué le 12 avril 2001)

[17] Ludo De Witte s'est acharné sur la responsabilité directe des Belges pour gommer celle des Congolais au pouvoir en 1960. Mais en affirmant que Lumumba était une exception et que tous les autres Congolais étaient des marionnettes des Blancs, est une thèse a un caractère raciste. D'ailleurs, cela ne vaut plus depuis le procès de Nuremberg où on a refusé aux Nazis le prétexte d'avoir obéi à des ordres ; à fortiori si des Congolais avaient obéi à des conseillers, même Blancs. La Constitution de 2006 consacre le droit à « désobéir à un ordre manifestement illégal » ce qui implique la responsabilité personnelle.

[18] Le 23 mars 2000, la Chambre des Représentants de Belgique a constitué une « *commission d'enquête chargée de déterminer les circonstances exactes de l'assassinat de Patrice Lumumba et l'implication éventuelle des responsables politiques belges dans celui-ci* ». Le rapport de 988 pages en deux volumes (DOC 500312/006 et /00) ont été mis en ligne http://www.lachambre.be/kvvcr/pdf_sections/comm/lmb/312_6_volume1.pdf
et http://www.droitcongolais.info/files/Assassinat- de-Lumumba-volume2_3h0swaq5.pdf

[19] En juin 2011 des enfants de Lumumba, ayant acquis la nationalité belge, déposeront à Bruxelles une plainte de 136 pages pour « crime d'État » contre des anciens collaborateurs du gouvernement katangais,

[20] La mission du Conseil de Sécurité était composée de France (M. Jean-David Levitte, ambassadeur, chef de la mission); Chine (M. Wang Yinfan, ambassadeur); Colombie (M. Alfonso Valdivieso, ambassadeur); États-Unis d'Amérique (M.

Cameron R. Hume, ambassadeur); Irlande (M. David Cooney, ambassadeur); Jamaïque (M. Curtis A. Ward, ambassadeur); Mali (M. Moctar Ouane, ambassadeur); Maurice (M. Anun Priyay Neewoor, ambassadeur); Royaume-Uni de Grande Bretagne et d'Irlande du Nord (M. Jeremy Greenstock, ambassadeur); Singapour (M. Kishore Mahbubani, ambassadeur); Tunisie (M. Othmar Jerandi, ambassadeur); Ukraine (M. Valery P. Kuchinsky, ambassadeur).

[21] La mission du Conseil de sécurité a quitté New York le 15 mai pour y revenir le 26 mai 2001. Pendant cette période, elle s'est rendue à Johannesburg, Pretoria, Kinshasa, Luanda, Lusaka, Bujumbura, Dar es-Salaam, Kigali et Kampala. Elle a rencontré le président de l'Afrique du Sud, M. Thabo Mbeki, le président de la République démocratique du Congo, M. Joseph Kabila, le président de l'Angola, M. José Eduardo Dos Santos, le président de la Namibie, M. Sam Nujoma, le président du Zimbabwe, M. Robert Mugabe, le président de la Zambie, M. Frederick Chiluba, le président du Burundi, M. Pierre Buyoya, le président de la République de Tanzanie, M. Benjamin Mkapa, le président du Rwanda, M. Paul Kagame, le président de l'Ouganda, M. Yoweri Kaguta Museveni ainsi que le médiateur dans le conflit burundais, l'ancien président Nelson Mandela, et le médiateur neutre du Dialogue intercongolais, l'ancien président Sir Ketumile Masire.

La mission s'est entretenue également avec le Comité politique à Lusaka et le chef du Front de libération du Congo (Flc), M. Jean-Pierre Bemba, et a eu des réunions officieuses avec des dirigeants du Rassemblement congolais pour la démocratie (Rcd/Goma), du Front burundais pour la défense de la démocratie (Fdd) et des Forces nationales pour la libération (Fnl). La mission a rencontré des membres de la société civile congolaise, des personnalités religieuses du pays et des représentants des partis politiques congolais. Des membres de la mission se sont entretenus au Rwanda avec des ministres et des représentants de la société civile, et au Burundi avec les signataires de l'Accord d'Arusha. La mission s'est rendue à Mbandaka (République démocratique du Congo) le 20 mai.

---

²² Dix ans après cet article de Trends, il existe une Fondation George Arthur Forrest, aux côtés d'autres qu'il a initiées.

²³ En mai 2002 la ministre Ngalula a présenté le premier portrait officiel de Joseph Kabila. En 2009, le directeur de cabinet du chef de l'État, le Pr Adolphe Lumanu Mulenda Bwana N'sefu a décidé de lui ériger un monument dans son fief de Kabinda, et pour le coût de "la modique somme de 2.584.48 dollars américains"!

²⁴ Très caractéristique : les *majors* miniers ne participeront pas à l'exploitation ; la place sera prise par des *juniors* de la bourse de Toronto-Canada.

²⁵ La chambre belge retiendra la responsabilité morale de la Belgique « pour non-assistance à Lumumba, comme personne en danger »

²⁶ En octobre 2014, selon Radio Okapi, " le défenseur des droits de l'homme Golden Misabiko a reçu le 17 octobre à Munich en Allemagne, le Nuclear- Free Future Award (ou le prix de l'avenir sans nucléaire) pour son engagement contre le nucléaire dans le monde. En 2009, l'Association africaine de défense des droits de l'homme (Asadho) au Katanga dont le président était Golden Misabiko avait publié un rapport dénonçant la poursuite de l'exploitation clandestine des minerais uranifères, notamment à la mine de Shinkolobwe. À cause de cela, Golden Misabiko avait été interpellé par l'Agence nationale des renseignements (ANR)/Katanga et déféré au Parquet et poursuivi devant le tribunal pour atteinte à la sûreté de l'État.

* * *

www.ingramcontent.com/pod-product-compliance
Lightning Source LLC
Chambersburg PA
CBHW071510150726
48000CB00002B/520